AF369367

Rafael J. Chavero Gazdik
Profesor de Derecho Administrativo
de la Universidad Central de Venezuela

LOS ACTOS DE AUTORIDAD

Edición al cuidado de
Carlos Antonio Agurto Gonzáles
Sonia Lidia Quequejana Mamani
Benigno Choque Cuenca

editorial jurídica venezolana

Título: Los Actos de Autoridad.

© Rafael J. Chavero Gazdik.

Edición: 2021.

© Copyright de la primera edición:
  Ediciones Olejnik
  Huérfanos 611, Santiago-Chile
  E-mail: contacto@edicionesolejnik.com
  Web site: http://www.edicionesolejnik.com

ISBN: 978-956-392-956-0

Diseño de carátula: Ena Zuñiga

Diagramación: Hayden Méndez. hayden.mendezq@gmail.com

La primera edición de Ediciones Olejnik fue impresa en Argentina, 2021

La reimpresión en coedición entre Ediciones Olejnik y Editorial Jurídica Venezolana fue impresa por Lightning Source, an Ingram Company, para Editorial Jurídica International Inc., 2021

Índice

A MANERA DE PRÓLOGO

Cuando entendemos que el conocimiento científico es Universal, tanto por el ámbito como por la pertenencia, y que la verdadera labor de un profesor es profundizar el diálogo, plantear las dudas y establecer los caminos, llegamos a la convicción de que nuestra mayor satisfacción estriba en que nuestros discípulos adquieran su autonomía de criterios en el menor tiempo posible, lo que permite una constante fluidez de las ciencias, y una mayor adecuación de estas a la realidad en que deba aplicarse.

Por ello, cuando tenemos el compromiso de hacer un exordio —que en su sentido etimológico eran los versos que antecedían a una obra de teatro, y que significaban a esta, al autor y al tiempo en que se presentaban— sobre un trabajo de investigación de quién consideramos un "hijo académico", y hemos de admirar con delectación su desarrollo intelectual, más que el sentimiento de hincarse el pecho de alegría, sentimos que en Venezuela no todo está perdido. Insurge, con fuerza y capacidad, una generación dispuesta y preparada; ello nos produce la tranquilidad por el futuro.

I

El Autor

Al novel profesor y abogado Rafael Chavero Gazdik lo conocí cuando él tenía un año de edad y desde entonces lo he considerado mi hijo mayor. Me honró al designarme su padrino en el sacramento de la Confirmación y más aún cuando inició sus estudios de Abogacía y compartió labores —como pasante— en la oficina que tengo a honra dirigir.

Han sido muchos los diálogos —y estoy seguro que serán más— cargados de angustia y de esperanza; teñidos en el crisol Bolivariano y orientados a la búsqueda permanente de una justa sociedad libre. Con los disensos propios de quienes hablan en un plano de igualdad y comprometidos en la perfectibilidad del Estado, y los consensos necesarios por los objetivos comunes.

En la Universidad y mientras Rafael Chavero Gazdik era estudiante mostró ese elemento especial e indescriptible que diferencia a los hombres con sed de futuro de los demás. Apenas graduado fue Asistente extraordinario en la Cátedra de Contencioso Administrativo, y hoy forma parte de las nuevas generaciones de profesores universitarios que vienen con paso firme, ideas claras y profundas en la formación y que nos exigen con seriedad y respeto a mantenemos fértil en nuestra capacidad docente, o nos apartamos para darles paso.

Su entusiasmo lo llevó a participar en el concurso de investigaciones jurídicas de la UCAB, para lo que me escogió como tutor del trabajo que hoy presenta a la comunidad de jurista, para la discusión y renovación. Como tutor le aporté más entusiasmo que conocimientos; más estímulos que ideas; más empuje que análisis. Por ello, la tutoría fue más un título nobiliario que un compromiso académico.

El autor, en definitiva, es un joven profesional del derecho que comprometido en el perfeccionamiento de las ciencias jurídicas, nos presenta hoy su primer fruto, para que lo degustemos en la esperanza de que vendrán otros y que su desarrollo intelectual tiene por límite el firmamento de sus ideas.

II

La Obra

El trabajo intitulado "Los actos de Autoridad" lo ubica su autor, en su verdadera dimensión: el prolegómeno entre la vieja tesis de la "teoría de los actos excluidos de control" y el principio de "Universidad", propio de los Estados democráticos y de derecho. En la medida en que el "poder" o sus detentores quieran actuar laxamente, con mayor nivel de autosuficiencia, sin que el ciudadano-administrado pueda controlarlo, estaremos frente al predominio de la "teoría de los actos excluidos", o lo que es mejor, frente a un Derecho amordazado por los componentes del poder.

Ahora bien, cuando el ciudadano se encuentra en libertad de controlar toda actuación de poder —ya sea del Estado o de los particulares— le estamos dando significado y sentido a la democracia y a esa frase hueca del Estado de Derecho.

En la correcta ubicación del tema, es que podemos entender el desarrollo que ha tenido en Venezuela el Amparo Constitucional, La descentralización por colaboración, la Autonomía de Estados y Municipios, entre otras instituciones. Falta aun por desarrollar el problema del interés o legitimación, los poderes restablecedores del Juez Contencioso, la ejecución de sentencias y un sistema completo de medidas cautelares (quizás frente a este último tema, el problema no sea normativo. Existen avances jurisprudenciales firmes que están recogidos en la brillante obra de Luis Ortiz Alvarez).

Luego el autor entra a un análisis sobre lo que debe entenderse por acto administrativo, para luego hacer su planteamiento central sobre los actos de autoridad. Los precedentes doctrinarios del artículo de la Dra. Hildegard Rondón de Sansó y de Carlos Felice Castillo, son punto de partida importante para las conclusiones.

Asimismo, trata los antecedentes del derecho comparado, con especial trato para las decisiones del Consejo de Estado en Francia, las legislaciones de Colombia y Costa Rica y los aportes de Vedel, Alvaro Tafur Galvis, Guaita, García de Enterría, Weil, entre otros.

Los actos de autoridad, entendidos como manifestaciones unilaterales y jurídicas de un "particular" prestador de un servicio público —en la mayor parte de los casos— y que por mandato de la Ley tiene otorgadas potestades o competencias públicas y que por tanto ejerce dichas potestades en condiciones de *ius imperium* frente a terceros, tienen como antecedente la decisión del Consejo de Estado del 31 de Julio de 1942 en el caso *Monpeurt*, y en todo el desarrollo inicial de la corporaciones.

El desarrollo de la Jurisprudencia en Venezuela, a partir del caso *SACVEN,* y de los criterios amplios de interpretación del contencioso bajo la figura de la interpretación progresiva de la norma jurídica plasmados en *Patria Fondo Mutual* y *Pan American Airs Ways,* les da un marco científico, que desarrolla con mucho tino el autor.

Por último, las aplicaciones de la teoría y sus efectos frente al Contencioso Administrativo, sobre todo en lo que respecta a la competencia y a la diversidad de acciones nos lleva a una reflexión necesaria: Debemos o no establecer un sistema procesal autónomo para el contencioso administrativo?; debe seguir un criterio de legitimación cerrado y restrictivo, o debemos dar un amplio acceso a la justicia administrativa?; seguimos bajo la noción anquilosada de los recursos, o damos paso a la existencia de verdaderas acciones?. Las dudas quedan planteadas, y el horizonte para abordarlas está abierto.

III

El Tiempo

José Hernández, ponía en boca de Martín Fierro la expresión de que el tiempo era una invención del hombre para limitar en años, meses, días, horas y segundos su existencia vital; el mundo nace sin tiempo, y este no es más que la ubicación del hombre frente a las angustias de su existencia.

Por eso creo que las obras tienen el tiempo de su vigencia que será su presente, y de su análisis para superarlas, que es su futuro.

Entiendo que la realidad que nos circunscribe, esa relación dialéctica entre espacio y tiempo, nos impone conductas, acciones y, por qué no, especulaciones. Si tratamos de identificar el tiempo que vive Venezuela podríamos concluir que lo es de búsqueda y trabajo; de estudio y aporte; de sembrar en los sueños de los despiertos nuevos modelos de sociedad.

En el contexto de la obra podemos —y queremos— inferir que las nociones de Contencioso Administrativo y de derecho procesal administrativo, deben ceder ante la de Justicia Administrativa como nos enseñan los profesores García de Enterría (Hacia una Nueva Justicia Administrativa) y Rodolfo Piza Escalante (La Justicia Constitucional en Costa Rica).

Cuando se plantea el problema y los alcances de "la interpretación progresiva de la norma jurídica", no se hace más que tratar de adecuar a la justicia los postulados de una regla de derecho positivo que por "vieja" o por circunstancia de orden social, debe aceptar la primacía de un "nuevo orden".

Entender los conflictos de "La Justicia Administrativa" implica —en mi criterio— darle mayor autenticidad al derecho como instrumento de cambio social; darle un contenido equitativo a las relaciones de los hombres con el poder y quizás provocar una ruptura en el sistema dogmático, exegético, positivista a ultranza, y marchar hacia una visión pluralista como nos postulaban Carbonnier o Friedman.

Si hablamos de "Justicia Administrativa" necesitamos de un Juez Justo, de reglas de aplicación y valoración que le permita al magistrado encontrar la verdad por sobre los escombros engorrosos de los procesos, de abogados creativos en la búsqueda de la verdad, de ciudadanos preparados para exigir justicia.

Quizás el verdadero debate en el ocaso de un siglo y la alborada de un nuevo tiempo, se centre en darle contenido a la expresión "Justicia Administrativa". Y, si la noción de justicia debe sustituir al derecho, hasta que encuentre los puentes mágicos de su identidad, habrá entonces —como decía Couture— que luchar infatigablemente por la Justicia.

La obra de Rafael Chavero Gazdik la entiendo ubicada en la concepción de "La Justicia Administrativa", por tres razones fundamentales, a saber: 1) Por el autor, que se formó en el hermoso hogar que su madre —Josefina— hizo con el calor y la rectitud de los valores y principios morales, y bajo la égida del pensamiento de Bolívar. Y él ha sabido responder con entusiasmo, estudio y denuedo a las expectativas que siempre se han tenido; 2) Porque para hablar de Actos de Autoridad, *per se*, hay que tomar la opción de la "universalidad del control" y de la interpretación progresiva de la norma jurídica, desechando la teoría de los actos excluidos de control y las reglas de interpretación dogmática; 3) Porque autor y obra son hijos de su tiempo. Tiempo que es difícil de entender, pero que ante todo implica renovación, cambios y caminos por recorrer.

Estoy seguro que este trabajo que me enorgullece prologar es un "mientras tanto", y que del árbol fecundo de los estudios y formación de Rafael Chavero Gazdik, hoy bajo la excelsa dicción del profesor Brewer-Carías, compartiremos nuevos frutos que alimentarán la doctrina científica del derecho.

Caurimare, noviembre de 1995
Carlos Miguel Escarrá Malavé

I

INTRODUCCIÓN

El Derecho Administrativo a través de los años ha venido rompiendo con dogmas que determinaron su aparición, así desde comienzos del presente siglo la noción de servicio público ha sufrido cambios trascendentales, del Estado-gendarme encargado únicamente de la defensa, la policía y la justicia se pasa al Estado-providencia, asumiendo este una serie de actividades promotoras, empresariales y planificadoras, de allí, que la Administración busca la forma de proteger otra gama de servicios como la vivienda, la salud, el transporte, la educación, etc.

En virtud de este crecimiento en las funciones del Estado, este se vio en la necesidad de invitar a participar de su poder a algunas entidades de naturaleza privada para colaborar en la gestión de sus tareas. Por tanto, se afirma que en Francia —cuna del Derecho Público— a partir de los años treinta[1] "la acción administrativa cesa, desde entonces, de ser exclusivamente del aparato administrativo para ser también la de las personas privadas", fenómeno corroborado por las decisiones del Consejo de Estado francés en los casos: *Autobus Antibois,* 1932; *Vezia;* 1935 *Monpeurt;* 1942 y *Compagnie Maritime de l'Afrique orientale;* 1944[2].

Si bien con ocasión de los grandes acontecimientos bélicos y las fuertes crisis económicas derivadas de aquellos, los ordenamientos jurídicos, sobre todo los de Europa Continental, se vieron con mayor obligación de habilitar a particulares y no siempre en forma contractual (concesión, regalías, etc.) para que asumieran con él la intervención en la vida económica, social y cultural, tal fenómeno en nuestro país, puede justificarse en la mediocridad de los servicios públicos prestados directamente por parte del Estado venezolano.

---

1   Aunque ya a mediados del siglo XIX se confiaba a empresarios privados la ejecución de algunos servicios públicos, a través de la figura de la concesión, por considerarlos más solventes a los fines de asumir los riesgos y peligros inherentes a la ejecución de los fines del Estado.

2   Al respecto, véase WEIL, Prosper, *"El Derecho Administrativo"*, Taurus ediciones, Madrid, 1966.

Así, nos hemos visto en la necesidad de buscar nuevas formas de organización administrativa, a través de entes descentralizados, empresas con participación del Estado, fundaciones estatales, etc. para encontrar una mejor efectividad en los fines del gobierno, pues bien, la prestación de servicios de interés general por parte de particulares no es más que un nuevo intento.

Surge entonces, la proliferación de la gestión pública por parte de entes con un elevado grado de heterogeneidad, mostrándose una despreocupación por la eventual adecuación a las fórmulas jurídicas preexistentes debido a la preocupación por la efectividad en los fines del Estado. De allí, que calificar a un organismo de público o privado no presenta una utilidad decisiva para la aplicación de un régimen de derecho administrativo.

Evidentes es, en consecuencia, la necesidad de regular jurídicamente esa gestión privada de los intereses colectivos, lo que hace necesario romper antiguos esquema tradicionales dentro del contencioso administrativo, pero al mismo tiempo resulta conveniente construir un sistema prudente que determine con exactitud —o al menos con algún rigor lógico y común— cuales actuaciones de los particulares estarán sometidas al Derecho Administrativo, para evitar que esta forma excepcional de prestación de servicios públicos se convierta en la regla general.[3]

Esta ruptura del monopolio por parte de los órganos del Poder Público para la acción administrativa conlleva a la ampliación del ámbito de la jurisdicción contencioso-administrativa, y consecuentemente, a reajustar el significado de acto administrativo. Es por ello, que doctrina y jurisprudencia se han encargado de tratar de acomodar estas nuevas tendencias a los esquemas tradicionales, por supuesto con los excesos y deficiencias típicas de toda innovación.

Y son los mismos tribunales de la jurisdicción contencioso-administrativa los que han dado entrada a la doctrina de los actos administrativos de origen privado, ejemplos los encontramos, entre otras decisiones de la Corte Primera de lo Contencioso Administrativo, en los casos: *Federación Venezolana de Tiro* del 13-02-86, *Sociedad de Autores y Compositores de Venezuela (SACVEN)* del 18-02-86, *María Josefina Bustamante* del 24-11-86, *Criollitos de Venezuela* del 16-12-87, *Ramón Escovar León* del 19-01-88, *Marino Recio* del 24-03-88, y en

---

3   Siempre se ha considerado que al abrir una brecha en un determinado ámbito, sin determinar de la forma más precisa sus justos límites conlleva a un desmoronamiento de los sistemas tradicionales. Un ejemplo de lo expuesto, lo encontramos en nuestro ordenamiento positivo a raíz de la regulación legal de la acción de amparo, donde se ha utilizado esta vía extraordinaria, destinada a proteger derechos y garantías constitucionales, para ejercer todo tipo de pretensiones.

los fallos de la Sala Político-Administrativa de la Corte Suprema de Justicia: *Universidad Santa María* del 19-05-88, *Criollitos de Venezuela* del 21- 03-90 y *Ruperto Machado* del 06-05-93.

En estas decisiones se ha desarrollado la doctrina de los actos de autoridad en Venezuela, y en ellas se observan diversidad de criterios para delimitar el ámbito de los actos administrativos emanados de personas privadas, de los cuales habrá que desprender las nociones básicas para su delimitación y consecuente aplicación de un régimen jurídico de Derecho Público.

Por tanto, en esta investigación se tratará, en primer lugar, de ubicar el concepto de acto administrativo a la luz de esta nueva corriente que acepta a particulares como productores de actos administrativos, para ello se aprovecha de la ausencia en Venezuela, de una ley especial que regule la jurisdicción contencioso-administrativa y por ende de una definición legal de la materia u objeto del recurso contencioso administrativo. Igualmente, y en segundo lugar, se intenta señalar el origen de los llamados actos de autoridad, así como la difícil tarea de indagar cuales son los requisitos necesarios para calificarlos como tales —siempre de conformidad con la evolución jurisprudencial en esta materia—, y por último, descifrar cual es el régimen jurídico aplicable a estos actos administrativos dictados por particulares.

II

EL PROBLEMA DE LA DEFINICIÓN
DEL ACTO ADMINISTRATIVO

Como ya se ha observado, parte de la doctrina y jurisprudencia —tanto patria como extranjera— destaca la posibilidad de que organismos no estatales o privados dicten actos administrativos susceptibles de ser impugnados ante la jurisdicción contencioso-administrativa, rompiéndose, de esta forma, con viejos dogmas que concebían como únicos y exclusivos autores del acto administrativo solo a los órganos del Poder Público.

En consecuencia, es necesario —como lo afirma la misma Sala Político-Administrativa de la Corte Suprema de Justicia—"abandonar criterios unívocos y adoptar otros más flexibles para caracterizar un determinado acto administrativo".[1] Es decir, se deben sincerar y actualizar las diversas definiciones de acto administrativo para evitar contradicciones entre la teoría y la práctica de nuestros tribunales contencioso-administrativos.

En las páginas que siguen se intentará reunir y explicar los criterios más relevantes que se han empleado para definir al acto administrativo y a sugerir cual sería más conveniente para dar cabida a todos los actos, inclusive a los emanados de particulares susceptibles de ser controlados ante la referida jurisdicción especial, es decir, a lo que la jurisprudencia venezolana ha denominado *actos de autoridad*.

1. ORIGEN DE LA DEFINICIÓN DE ACTO ADMINISTRATIVO

Quizás el único acuerdo unánime en la doctrina universal relativo al acto administrativo sea el de su germinación. Así, se afirma que "la noción de acto administrativo es indudablemente una consecuencia de la sumisión de la Administración Pública al derecho".[2] Por tanto,

---

1   Véase decisión de la Sala Político-Administrativa del 6 de mayo de 1993, caso: *Ruperto Machado*.

2   GARRIDO FALLA, Femando. *Tratado de Derecho Administrativo*, Tecnos, Madrid, 1989.

21

es la consagración de la legalidad como principio fundamental, a raíz de la Revolución Francesa, el que concede una significación peculiar a los actos de la Administración.

De allí, que la primera oportunidad en que se utiliza el vocablo "acto administrativo" es en Francia en la Ley de 16 Fructidor del año III (3 de septiembre de 1795) en la que se establecía: "Se prohibe terminantemente que los Tribunales conozcan de los *actos de la administración,* cualquiera que sea su especie." Anteriormente, la Ley de 16-24 de agosto de 1790, para establecer la misma prohibición utilizó la expresión *operaciones de los cuerpos administrativos,* señalando: "Las funciones judiciales son independientes y se mantendrán siempre separadas de las funciones administrativas. No podrán los jueces, sin incurrir en delito de prevaricación, intervenir de ninguna mañera en las operaciones de los Cuerpos Administrativos".

Sin embargo, esto no quiere decir que en épocas anteriores a la Revolución Francesa no hayan existidos los medios para expresar los deseos e intenciones de la Administración, lo que sucede es que tales instrumentos "no eran jurídicos por cuanto no existían derechos públicos subjetivos de los súbditos, que aún no habían alcanzado la condición de ciudadanos".[3]

Igualmente, la mayor parte de la doctrina extranjera concuerda en atribuir a MERLIN DE DOUAI la primera definición dogmática de acto administrativo, plasmada en el *Répertoire de Jurisprudence* publicado en 1812, en donde el indicado autor afirmaba que "acto administrativo es un arrêt, una decisión *de una autoridad administrativa,* o una acción, o un hecho del administrador en relación con sus funciones" (cursivas añadidas).

Por último, suele señalarse como la batalla final en la cual el acto administrativo consolida el Estado de Derecho, al *arrêt Blanco,* dictado por el Tribunal de Conflictos Francés el 8 de febrero de 1873, donde se consagran dos principios fundamentales:

1) Los asuntos de Estados deben resolverse con principios de derecho público; y

2) La competencia para resolver tales conflictos a una jurisdicción especial, la contencioso-administrativa.

2. CRITERIOS PARA LA DEFINICIÓN DE ACTO ADMINISTRATIVO

Luego de la aparición de la noción de acto administrativo comenzaron las discrepancias al momento de lograr una definición uniforme, al punto de que han transcurrido dos siglos y todavía

---

3   GARCIA-TREVIJANO FOS, José A. *Los Actos Administrativos,* Civitas, Madrid, 1991.

no se encuentra depurada su conceptualización. Definiciones hay, ciertamente, tantas como autores han incursionado en el Derecho Público, y su importancia es tal que es, precisamente, el acto administrativo la materia del recurso contencioso de anulación. Se observarán, entonces, algunas de las perspectivas u orientaciones en que se ha enfocado la noción de acto administrativo.

A. *Concepción subjetiva u orgánica del acto administrativo*

Desde el punto de vista orgánico, acto administrativo es aquella actuación que se le imputa a un órgano de la Administración Pública. Para ello, y dentro del principio de la separación de poderes, acto administrativo es todo lo proveniente del Poder Ejecutivo.

De allí, que quienes siguen esta concepción subjetiva de lo "administrativo" emplean el término "acto" como todo aquello que hace, precisamente, el ente o sujeto administrativo. Así, nos señala BOQUERA OLIVER que el acto de aceptación por el Consejo de Ministros de un legado en favor del Estado, será un acto administrativo, pues su autor (el Consejo de Ministros) es un órgano de la Administración Pública; la expresión del sentimiento de pesar del Consejo de Ministros por una desgracia ocurrida también será, por la misma razón, un acto administrativo[4].

Innumerables autores extranjeros han desarrollado esta concepción restringiendo la calificación de "acto administrativo" a todas aquellas actuaciones que emanen de un sujeto de la administración. En efecto, señalaba ESCRICHE en el siglo pasado, que los actos administrativos son aquellas "decisiones, providencias o hechos que cualquier autoridad administrativa o agente del Gobierno toma o ejecuta en el desempeño de sus funciones."[5] A su vez, señala GARRIDO FALLA que "solo los actos que emanan de la Administración pública tienen valor formal de actos administrativos (frente al valor formal de ley o de sentencia); solo estos actos interesan al Derecho administrativo."[6] En este mismo sentido se expresa STASSINOPOULOS al definir acto administrativo como: "la declaración de voluntad emitida por un órgano administrativo y determinadora de modo unilateral de lo que es derecho en un caso individual."[7] Por último, VITTA, expresa que los actos administrativos son "aquellos que emanan de una autoridad

---

4   BOQUERA OLIVER José M., *Estudios sobre el acto administrativo*, Civitas, Madrid, 1985.

5   Citado por GUATTA, Aurelio en "El concepto de acto administrativo", *Revista española de Derecho Administrativo N.º 7*, Civitas, oct/dic 1975.

6   GARRIDO FALLA, Femando, Op. Cit, pág. 377.

7   Citado por Garrido Falla, Op. Cit, pág. 380.

administrativa y que producen un efecto jurídico respecto de sujetos extraños a la misma Administración Pública".[8]

Diversos autores venezolanos, siguiendo los parámetros de los extranjeros se adhirieron a esta doctrina.[9] Expresaba LARES MARTÍNEZ, en las ediciones iniciales de su *Manual de Derecho Administrativo,* que solo a "las declaraciones o decisiones de los órganos de la administración... corresponde propiamente la calificación de actos administrativos." Igualmente, manifestaba RONDÓN DE SANSO que "hasta ahora el criterio determinador de la competencia [se refiere a la materia contencioso-administrativa] ha sido meramente subjetivo en el derecho venezolano, esto es, basado en el sujeto Administración, pero indudablemente que dicho criterio ha de variar necesariamente, para basarse en un concepto más acorde con la realidad jurídica."[10] (corchetes añadidos)

Dentro de esta concepción orgánica se ha mantenido, sin duda, la legislación venezolana. En este sentido, el artículo 7.°, ordinal 9.° de la derogada Ley Orgánica de la Corte Federal, de 2 de agosto de 1953, establecía al delimitar su competencia, que esta la tiene para:

> "conocer en juicio contencioso de las acciones y recursos por abuso de poder y otras ilegalidades de las Resoluciones Ministeriales y en general de *los actos de la Autoridad Administrativa,* en cualquiera de sus ramas Nacionales, Estadales y Municipales" (Cursivas añadidas).

Ya anteriormente, en el primer proyecto de ley de lo contencioso administrativo elaborado en forma conjunta por los Ministerios de Relaciones Interiores y Hacienda en 1941[11], se disponía, textualmente, en el artículo 2.°, lo siguiente:

> "Quedan sometidos a recurso de apelación para ante la Corte Federal y de Casación, y el recurso se regirá también por esta Ley, *aquellos actos jurídicos esencialmente*

---

8   Ibídem.

9   Sobre las diversas definiciones que acoge la doctrina venezolana, consúltese BREWER-CARIAS, Allan, "El Problema de la definición del acto administrativo", en el *Libro Homenaje al Doctor Eloy Lares Martínez,* U.C.V., Caracas, 1984.

10   En su estudio "Introducción al Estudio del Acto Administrativo", en el *Libro Homenaje a la Memoria de Roberto Goldschmidt,* Caracas, 1967.

11   Consúltese *El control Jurisdiccional de los Poderes Públicos en Venezuela,* U.C.V., Caracas, 1979.

administrativos, del Poder Ejecutivo Federal, para los cuales no prevén la Constitución ni las leyes recurso judicial alguno. Se exceptúan los actos sobre los cuales existan disposiciones especiales, los ejecutados en ejercicio de funciones políticas o de gobierno, los que las leyes hayan dejado a la libre apreciación del Ejecutivo Federal y aquellos en que este obre como persona jurídica privada..." (cursivas añadidas).

La propia Constitución vigente de 1961, en su artículo 215 ordinal 7.°, pareciera restringir el contencioso administrativo de anulación por razones de ilegalidad solo a los actos administrativos emanados del Ejecutivo Nacional, excluyendo, de esta forma, a los actos dictados —en función administrativa— por las otras ramas del Poder Público.[12]

Por último, la Ley Orgánica de Procedimientos-Administrativos[13] destaca una definición, que para la mayoría de los autores,[14] se enmarca dentro de la concepción subjetiva del acto administrativo, al disponer textualmente:[15]

"Artículo 7.°.— Se entiende por acto administrativo, a los fines de esta Ley, toda declaración de carácter general

---

12 "Artículo 215. Son atribuciones de la Corte Suprema de Justicia:

Séptimo. Declarar la nulidad de los actos administrativos del Ejecutivo Nacional, cuando sea procedente;" Como se observa, pudiera pensarse que solo es acto administrativo el que emana de los órganos del Ejecutivo.

13 Publicada en la Gaceta Oficial N.° 2.818 Extraordinario del 1.° de julio de 1981.

14 En especial BREWER-CARIAS en su libro *El Derecho Administrativo y la Ley Orgánica de Procedimientos Administrativos,* Editorial Jurídica Venezolana, Caracas, 1990, quien califica a la definición legal de inútil, incompleta y errada" ya que considera que "no es aceptable la utilización exclusiva del criterio orgánico para definir el acto administrativo, como lo ha parcialmente querido hacer el artículo 7 de la Ley Orgánica de Procedimientos Administrativos, pues quedarían fuera de la caracterización como actos administrativos, aquellos actos administrativos que dicten los funcionarios de los órganos judiciales, por ejemplo, en los casos de administración de personal de estos órganos. En efecto, el Congreso ha dictado un Estatuto de Personal Administrativo del Congreso y lo mismo ha hecho la Corte Suprema de Justicia. Cualquier decisión del Presidente de la Cámara de Diputados o el Presidente de la Corte. Suprema de Justicia en relación a la administración del personal que viole y lesione esos Estatutos, constituye un acto administrativo que puede ser, inclusive, recurrido en vía jurisdiccional. *Por tanto, no es admisible, insistimos, la sola utilización del criterio orgánica para definir el acto administrativo, como lo ha hecho la Ley Orgánica de Procedimientos Administrativos.*"

15 En contra de la conveniencia de una definición legal de acto administrativo se manifiesta el Profesor BREWER-CARIAS en el trabajo citado en la nota anterior. Igualmente, nos señala BOQUERA OLIVER, Op. Cit, que "las leyes, cuando han sido redactadas con buena técnica no utilizan conceptos sino términos, cuyo significado deben desentrañar los encargados de estudiarlas y aplicarlas."

o particular emitida de acuerdo con las formalidades y requisitos establecidos en la Ley, *por los órganos de la administración pública*" (cursivas añadidas).

La definición anterior se completa en el mismo texto legal cuando se señala, en su artículo 1.º lo que se entiende por "órganos de la administración pública", al establecerse:

"La Administración Pública Nacional y la Administración Pública Descentralizada, integradas en la forma prevista en sus respectivas leyes orgánicas, ajustarán su actividad a las prescripciones de la presente Ley.

Las administraciones estadales y municipales, la Contraloría General de la República y la Fiscalía General de la República, ajustarán igualmente sus actividades a la presente Ley, en cuanto les sea aplicable."[16]

Se observa, también, ahora en el ámbito de la jurisprudencia venezolana que ha sido de trascendental importancia el criterio subjetivo u orgánico. En efecto, la antigua Corte Federal, en un fallo del 3 de junio de 1959, definió el acto administrativo como aquella:

"declaración de voluntad realizada por la Administración con el propósito de producir un efecto jurídico."[17]

---

16 Más aún, en una decisión de la Corte Suprema de Justicia en Sala Plena, del 28-11-88, se precisó cuáles eran los órganos de la Administración Pública señalando que "Este conjunto orgánico que conforma la Administración Pública Nacional en el régimen constitucional venezolano, está a su vez integrado por tres conjuntos orgánicos: en primer lugar, la Administración Central, regida tanto por la Ley Orgánica de la Administración Central, destinada al conjunto de órganos que depende directamente del Ejecutivo Nacional (entre los cuales se destacan los Ministerios y las Oficinas Centrales de la Presidencia de la República), como por la Ley Orgánica de la Procuraduría General de la República, que califica a esta como órgano de representación jurídica y asesoría de la Administración Pública Nacional (Presidencia y Ministerios); en segundo lugar, la Administración Descentralizada, conformada por los institutos autónomos regulados en el artículo 230 de la Constitución, las personas jurídicas de derecho público con forma societaria, las Empresas del Estado, las fundaciones del Estado y las Asociaciones Civiles del Estado; y en tercer lugar, por las administraciones con autonomía funcional establecidas en la Constitución (Contraloría General de la República, Fiscalía General de la República, Consejo de la Judicatura o que tienen su fundamento en ella, como es el Consejo Supremo Electoral".

17 BREWER-CARIAS, Allan, *Las Instituciones Fundamentales del Derecho Administrativo y la Jurisprudencia Venezolana*, Volumen IV, U.C.V., Caracas, 1964.

Por su parte, la Sala Político-Administrativa señaló, en decisión del 2 de junio de 1964[18] que los actos administrativos son aquellas:

"manifestaciones de voluntad emanadas de las autoridades administrativas y que tienen por objeto producir efectos de derecho generales o individuales".

En el mismo sentido se pronunció la extinta Corte Superior Segunda, en una decisión del 4 de octubre de 1973, al señalar:

"para que un acto emanado de la Administración Pública constituya un acto administrativo, es necesario que al efectuarlo actúe en su calidad de tal, es decir, en su carácter de órgano esencial de la estructura del Estado".[19]

Finalmente, en una decisión de la Sala Político-Administrativa del 27 de octubre de 1977, caso: *F. Veitíay otros* vs. *INOS* se negó el carácter de acto administrativo a una manifestación de voluntad emanada del Instituto Nacional de Obras Sanitarias, debido a que:

"no existe un acto administrativo, pues la función pública que de tal situación nace no emerge de una autoridad competente para darle ese carácter"[20].

Ahora, si bien es cierto que la concepción puramente orgánica y subjetiva excluye dentro de la conceptualización de acto administrativo a los dictados por los otros órganos del Poder Público (Legislativo y Judicial) en ejercicio de una administrativa, v.g. los actos de administración de personal[21], cabría preguntarnos ¿es

---

18   BREWER-CARIAS, Allan, *El Problema de la definición del acto administrativo*, Op. Cit.

19   Jurisprudencia Ramírez y Garay, Tomo 41, 1973 cuarto trimestre.

20   Ibídem, tomo 58, 1977 cuarto trimestre.

21   Nuestra Corte Suprema de Justicia, en Sala Político-Administrativa ya ha reconocido en forma reiterada el carácter de administrativo de estos actos. En efecto, en una decisión del 19-12-74 señalo: "La designación de los miembros de la Comisión Delegada por la Asamblea Legislativa de un Estado si bien es un acto legislativo atendiendo al órgano del que emana, es desde el punto de vista material, un acto administrativo, por cuanto, en virtud del mismo, se crea una situación jurídica subjetiva en relación con determinados funcionarios de la cual dimana para estos derechos y deberes que los inviste de una situación especial en relación con los restantes miembros del cuerpo legislativo."

posible —dentro del criterio orgánico— que algunos actos emanados de personas jurídicas no estatales queden sometidos a la jurisdicción contencioso-administrativa?

Respuesta afirmativa es sostenida por doctrina muy calificada, como es el caso de los autores españoles GARCÍA DE ENTERRÍA y FERNÁNDEZ, quienes sostienen "que la procedencia formal de la declaración en que el acto consiste de una Administración pública puede operarse, o bien de una manera directa, que es la normal, a través del órgano dotado con la competencia oportuna, o bien de una manera indirecta, por una persona sin la condición subjetiva de Administración Pública, pero que actúa con poderes delegados por una Administración"[22].

En igual sentido se manifiesta GARCÍA-TREVIJANO FOS, quien agrega "hay que insistir en que los particulares no pueden dictar actos administrativos, salvo casos que veremos posteriormente, pero en los que lo hacen, no como tales administrados, sino por su especial dependencia de una entidad de Derecho Público"[23].

Este sector de la doctrina parece haber influenciado al Tribunal Supremo español, el cual en decisión del 29 de septiembre de 1975 señaló que la Delegación Nacional de Educación Física y Deportes de la Secretaría General del Movimiento —organismo de naturaleza privada— dicta actos que reúnen "los requisitos objetivos y *subjetivos* sustantivos y formales de los actos administrativos" debido a que lleva a cabo "una actuación vicaria o delegada de la Administración General del Estado." (cursivas añadidas)

En sentido similar, en Venezuela se ha recogido las corrientes doctrinarias y jurisprudenciales anteriores. En efecto, BREWER-CARIAS considera que los Colegios Profesionales son establecimientos públicos corporativos, los cuales "no forman parte de la estructura general del Estado, por lo que constituyen personas de derecho público no estatales"[24].

---

22 GARCÍA DE ENTERRÍA, Eduardo y FERNÁNDEZ, Tomás Ramón, *Curso de Derecho Administrativo*, Civitas, Madrid, 1989.

23 GARCIA-TREVIJANO FOS, José Antonio, Op. Cit.

24 BREWER-CARIAS, Allan R, *Principios del régimen jurídico de la organización administrativa venezolana*, Editorial Jurídica Venezolana, Caracas, 1991, pp. 119-120. También hay que señalar que el mismo legislador, en algunas oportunidades, ha considerado a los Colegios Profesionales como personas corporativas de derecho público. En efecto, el artículo 55 de la Ley de Ejercicio de la Medicina señala: "Los Colegios Médicos son corporaciones profesionales de carácter público con personería jurídica y patrimonio propio y con todos los derechos y atribuciones que les señalen las leyes."

Igualmente, en una decisión emanada de la Corte Primera de lo Contencioso Administrativo del 22 de junio de 1978, caso: *Arturo Torres Rivero vs. Colegio de Abogados del Distrito Federal*[25], se sostuvo:

> "que los Colegios Profesionales son establecimientos públicos corporativos, que en consecuencia están regidos por el Derecho Público, y no por el Derecho Privado, por lo cual la competencia, para conocer de la nulidad por ilegalidad de los actos de ellos emanados corresponde, y no habiendo atribuido la Ley Orgánica de la Corte Suprema de Justicia dicho conocimiento a otro Tribunal, es lógico concluir que el mismo compete a esta Corte, de conformidad con el numeral 3.° del artículo 185 de la Ley Orgánica de la Corte Suprema de Justicia, y así se declara"[26].

Ratifica el criterio anterior, el fallo recaído en el conocido caso *Miranda Entidad de Ahorro y Préstamo* del 10-01-80, donde la Sala Político-Administrativa atribuye competencia a la jurisdicción contencioso-administrativa, en especial a la Corte Primera de lo Contencioso Administrativo, para conocer de los actos emanados de los *establecimientos públicos corporativos* entre los cuales se encuentran las Universidades —sin distinguir entre públicas o privadas—, Colegios Profesionales y Academias.[27]

De allí, que para algunos autores y aún para algunas decisiones de nuestro más Alto Tribunal es posible la inclusión de los actos emanados de particulares dentro de una definición netamente orgánica, siempre y cuando reúnan determinados requisitos o hayan sido dictados con el cumplimiento previo de alguna formalidad (concesión, delegación, etc.). De manera que, según esta corriente doctrinaria cuando una asociación o corporación civil, una universidad privada o un Colegio

---

25　La cual ratifica las decisiones de la Sala Político-Administrativa del 26-01-77 y 16-11-77, y la de esa misma Corte del 20-12-77.

26　Transcrita íntegramente en "TENDENCIAS DE LA JURISPRUDENCIA VENEZOLANA EN MATERIA CONTENCIOSO ADMINISTRATIVA". Trabajos de las Octavas Jomadas "Dr. J.M. Domínguez Escovar", Caracas, Enero 1.983.

27　Igualmente, la Corte Primera de lo Contencioso Administrativo ha destacado —aunque a nuestro juicio en forma equivocada— la naturaleza pública de los Colegios Profesionales en varios fallos, en especial los del: 12-02-81, 11-08-83 y 14-06-90. Este último, relativo al recurso de nulidad que se intentara en contra de las elecciones de las autoridades del Colegio de Abogados del Distrito Federal, dispuso; "Tanto la jurisprudencia como la doctrina, de modo unánime, han admitido que el control jurisdiccional contencioso-administrativo de los actos provenientes de los Colegios Profesionales, como personas Jurídicas de Derecho Público..."

Profesional ejercen prerrogativas públicas en el cumplimiento de un servicio público se convierten en personas de Derecho Público, manteniendo incólume, en consecuencia, la definición orgánica de acto administrativo.

Semejante afirmación la encontramos en el fallo del 22-06-78, parcialmente transcrito *supra*, donde la Corte Primera de lo Contencioso Administrativo califica de *establecimiento público* a los Colegios Profesionales, concretamente al Colegio de Abogados del Distrito Federal, a pesar de que el artículo 33 de la Ley de Abogados pareciera excluirlos del catálogo de personas de Derecho Público. El mencionado artículo textualmente dispone:

> "Los Colegios de Abogados son corporaciones profesionales con personería jurídica y patrimonio propio, encargados de velar por el cumplimiento de las normas y principios de ética profesional de sus miembros y defender los intereses de la abogacía..."

Se difiere de la opinión de este sector de la doctrina y de los fallos antes citados, pues siguiendo a MODERNE[28], se ha estimado que tanto en Francia como en el resto de los países del sistema continental, entre ellos Venezuela, el criterio subjetivo u orgánico ha pasado a un segundo plano a la hora de definir los actos administrativos, de allí, que se viene admitiendo desde hace algunos años que personas que no forman parte de la Administración Pública[29] (asociaciones deportivas, sociedades culturales, universidades privadas, etc.) pueden tomar auténticas decisiones administrativas de carácter obligatorio susceptibles de ser sometidas a la competencia del juez contencioso administrativo.

Lo contrario significaría aceptar la ampliación desmesurada de los órganos del Estado, es decir, reconocer una metamorfosis casuística de lo privado a lo público por el hecho de la colaboración de organismos no estatales en la prestación de los servicios de interés general. Igualmente, conllevaría a admitir el absurdo de considerar a la Junta Directiva de los Colegios Profesionales o asociaciones deportivas, o

---

28   MODERNE, Frank, "Decadencia del punto de vista orgánico en la definición del acto administrativo en derecho francés: los actos administrativos de origen privado.", *Revista española de Derecho Administrativo N.º4*, Civitas, 1975.

29   Entendida en sentido amplio, es decir abarcando tanto la Administración Centralizada como la Descentralizada, así como los diversos órganos a que se refiere el artículo 1.º de la Ley Orgánica de Procedimientos Administrativos, transcrito *supra*.

a los Rectores de universidades privadas, al ejercer las potestades públicas concedidas, como verdaderos funcionarios públicos.

En este orden de ideas, parece imposible determinar la naturaleza —pública o privada— de las personas jurídicas o de ciertos particulares por el tipo de actividad que desarrollen en determinados momentos, es decir, sería un contrasentido entender que cuando la "Organización de Deporte Menor Criollitos de Venezuela" niega el pase de liga a un menor inscrito en esa organización actúa como un establecimiento público, y por otro lado, cuando contrata el mantenimiento de las instalaciones deportivas se transforma en persona jurídica de derecho privado.

En conclusión, no es posible desde el punto de vista orgánico o subjetivo, utilizado en forma exclusiva, incluir la doctrina de los actos administrativos emanados de particulares, por lo que la idea de dirigir el interés o la atención de la definición de acto administrativo hacia la autoridad que manifestó la voluntad, se muestra insuficiente y debe ser, como en efecto lo ha sido, superada por la realidad jurídica actual, tal y como lo demuestra la jurisprudencia que será analizada en los capítulos siguientes.

Por último, y como muestra fehaciente de la insuficiencia del criterio orgánico para definir el acto administrativo, encontramos variadas decisiones de nuestro Máximo Tribunal en donde se niega el carácter de administrativo a algunos actos emanados de órganos de la Administración Pública, específicamente, de la Administración Central.

En efecto, en diversidad de sentencias se restringe el control judicial a través de la jurisdicción contencioso-administrativa de actos dictados por diversos órganos del Estado al no ejecutar normas de naturaleza administrativa, es decir, que no se podrá calificar un acto de administrativo cuando la Administración se relaciona con los particulares bajo un régimen de Derecho Privado (civil, mercantil, laboral, etc.)[30].

De allí —se reitera—, que no es posible, con la sola utilización del criterio orgánico, conceptualizar el acto administrativo sin entrar en grandes contradicciones con las decisiones de los tribunales de la especial jurisdicción contencioso-administrativa, que apuntan hoy hacía nuevas perspectivas más acordes con la realidad jurídica. Por tanto, el criterio netamente orgánico deberá desaparecer de las nuevas definiciones del acto administrativo o simplemente

---

30   En especial consúltese las decisiones de la Sala Político-Administrativa de fecha 18-06-85 y 05-06-86, casos: *Leopoldo Díaz Bruzual* y *Fetraeducación* respectivamente, las cuales serán comentadas con mayor detenimiento al estudiar la concepción funcional del acto administrativo.

relativizarse al punto de permitir que otras ramas del Poder Público e incluso particulares, al ejercer la función administrativa, dicten actos sometidos al régimen del Derecho Público.

B. *Concepción formal del acto administrativo*

Se entiende por criterio formal de acto administrativo, cuando este es dictado en ejecución directa de una norma de rango legal. Sin embargo, hay que advertir que algunos autores e incluso en algunas decisiones de nuestro Máximo Tribunal, han utilizado el criterio formal como sinónimo del criterio orgánico o subjetivo. En efecto, VILLAR PALASI señala que doctrina formal del acto administrativo es aquella que identifica el acto con un órgano de la Administración Pública[31]. Igualmente, en una decisión de la Corte en Sala Plena, del 06-08-90, caso: *Ivan Hernández Gutiérrez*, se señaló que "atendiendo al criterio orgánico o formal de identificación de un acto a través del órgano que lo produce... es decir, por los órganos de la Administración Pública..."

Hecha esta salvedad, hay que admitir que la mayor parte de la doctrina no suele utilizar, exclusivamente, el criterio formal para definir el acto administrativo, sino que es común combinarlo con el criterio orgánico, con el funcional o dentro de una concepción mixta[32]. Esto se debe a que con la sola afirmación de que acto administrativo es aquél de rango sublegal, puede confundirse con las decisiones judiciales —sentencias— que, lógicamente, son también de rango sublegal. Para evitar esta confusión dice BREWER-CARIAS[33], citando a MOLES CAUBET, "el criterio formal tendría que combinarse con un criterio orgánico en el sentido de considerar que los órganos administrativos son subordinados y en cambio que los órganos judiciales son independientes."

Sin embargo, lo anterior no significa que el criterio formal no adquiere relevancia dentro de la definición del acto administrativo, por el contrario una reciente decisión de la Sala Político-Administrativa, del 14 de septiembre de 1993 en el caso: *Carlos Andrés Pérez*, confirmada más tarde por el Acuerdo dictado por la Corte en Pleno del 25-01-94, parece indicar que el criterio formal debe estar

---

31 VILLAR PALASI, José Luis y VILLAR EZCURRA José Luis, en *Principios de Derecho Administrativo*, Tomo II, Universidad Complutense, Madrid, 1987.

32 En relación con la importancia del criterio formal para definir el acto administrativo, consúltese la Introducción General del libro "TENDENCIAS DE LA JURISPRUDENCIA VENEZOLANA EN MATERIA CONTENCIOSO ADMINISTRATIVA", Op. Cit, realizada por el profesor Luis Henrique Farías Mata.

33 BREWER-CARIAS, Allan, "El Problema de la definición del acto administrativo", Op. Cit.

como algo ineluctable para determinar la materia u objeto del recurso contencioso administrativo de anulación.

En efecto, en el indicado fallo la Sala Político-Administrativa declinó su competencia en la Corte en Pleno por considerar que el acto impugnado —el acuerdo del Congreso de la República en virtud del cual se declaró la falta absoluta del Presidente de la República, según el artículo 188 de la Constitución— no era un acto administrativo susceptible de ser recurrido ante la jurisdicción contencioso-administrativa debido a que no era de rango sublegal, sino que en su defecto se trataba de un acto en ejecución directa e inmediata de normas constitucionales y por tanto también con rango equiparable al de la ley, aunque solo desde ése punto de vista (ejecución de norma constitucional).

En estos términos, se expresó la sentencia:

"En efecto, puede evidenciarse que según la distribución de competencias que establece la propia Ley Originaria para hacer efectiva la garantía objetiva de la constitucionalidad en su artículo 216, todas las acciones de nulidad interpuestas contra actos dictados en ejecución directa e inmediata de la Carta Magna, y que —por tanto, desde el punto de vista de su rango, son equiparables a la ley— los cuales están comprendidos expresa o implícitamente, como se ha dicho, en los ordinales 3.°, 4.° y 6.° de su artículo 215, son del conocimiento exclusivo de la Corte Suprema de Justicia en Pleno; mientras que cuando se impugne un acto administrativo del Poder Público, de carácter general o particular, —*pero de rango sublegal*, realizado en función administrativa— por contrariedad al derecho —y aún por razones de inconstitucionalidad—, la competencia corresponderá siempre a un órgano de la jurisdicción contencioso-administrativa, sea la Sala Político-Administrativa de la Corte Suprema de Justicia o cualquier otro tribunal de los que la ley determina.

(Cursivas añadidas).

Esta interpretación, expuesta inicialmente por tratadistas de la categoría de MERKL y MAYER, de considerar al acto administrativo como aquel que sea ejecución directa de una ley —por tanto, de rango sublegal—, excluyendo de este modo aquellos dictados en ejecución directa de la Constitución, han llevado a nuestro Máximo Tribunal a extrañar de la jurisdicción especial contencioso-administrativa y por tanto del carácter de acto administrativo a los Reglamentos dictados por el Presidente de la República en aplicación directa e inmediata del ordinal 10 del artículo 190 de la Constitución[34]. Pero, los demás actos de efectos generales, como pueden ser las normas de organización dictadas por los Ministros en uso de las atribuciones que les confiere la Ley Orgánica de la Administración Central, el Reglamento Interno de la Corte Suprema de Justicia, los convenios de mancomunidad entre municipios, los convenios de transferencia de servicios públicos entre los diversos entes descentralizados, etc., serán considerados actos administrativos de efectos generales.

En este sentido, y sin querer entrar en una larga discusión doctrinaria que escapa de los límites del presente trabajo, los autores GARCÍA DE ENTERRÍA Y FERNÁNDEZ[35] descartan del concepto de acto administrativo a los Reglamentos por considerar que estos crean o innovan el derecho objetivo con carácter permanente, mientras el acto aplica el derecho al caso concreto.

En conclusión, el criterio formal, aún cuando es insuficiente por sí solo, es indispensable para definir el acto administrativo, como lo han destacado recientes decisiones de nuestro más Alto Tribunal. Igualmente, el criterio formal es tomado en consideración por el legislador venezolano al conceptualizar en el artículo 7.º de la Ley Orgánica de Procedimientos Administrativos, transcrito *supra*, cuando afirma que esa declaración general o particular que debe entenderse como acto administrativo ha de ser emitida "de acuerdo con las formalidades y requisitos establecidos en la Ley".

C. *Concepción funcional o material del acto administrativo*

La doctrina del acto administrativo ha evolucionado, y tanto la doctrina como la jurisprudencia extranjera han mostrado su inclinación hacia la decadencia del punto de vista orgánico en la definición de acto administrativo para atender ahora a la naturaleza de la declaración de voluntad, es decir, a la función que se ejecuta o al régimen de Derecho al que se encuentra sometida.

Ahora bien, es necesario advertir que dentro de la misma concepción funcional se suelen utilizar dos criterios que pudieran considerarse a primera vista como excluyentes. En efecto, algunos autores determinan el carácter administrativo del acto cuando la autoridad del cual emanan ejercen una "función administrativa", mientras que, otros

---

34   Consúltese decisión de la Sala Político-Administrativa del 13-12-85 recaída en el caso: *Alvaro Gené Sojo*

35   GARCÍA DE ENTERRÍA, Eduardo y FERNÁNDEZ, Tomás Ramón, *Curso de Derecho Administrativo*, Op. Cit.

inclusive: alguna legislación[36] consideran como actos administrativos aquellos dictados en ejecución de normas de Derecho Administrativo.

Pero esta contradicción es solo aparente, debido a que cuando la Administración Pública e incluso algunos particulares ejecutan, desarrollan o aplican normas de naturaleza administrativa no están sino ejerciendo en definitiva una función administrativa. Por el contrario, afirma MOLES CAUBET que cuando las situaciones jurídicas entre la Administración y los particulares están regidas por el Derecho Privado, civil o mercantil, nos encontramos ante dos sujetos de Derecho Privado y tanto el acto como los derechos y obligaciones son de índole privada[37].

Por tanto, en el desarrollo del criterio material o funcional del acto administrativo se conjugan —a nuestro entender— ambas ideas, es decir, la función administrativa y la ejecución de normas de Derecho Administrativo.

Por otra parte, en algunos casos suelen encontrarse definiciones que agregan al criterio funcional o material la noción subjetiva u orgánica, tal es el caso de la antigua definición de ZANOBINI quien consideraba como acto administrativo "cualquier declaración de voluntad, de deseo, de conocimiento o de juicio, realizadas por un sujeto de la Administración pública *en el ejercicio de una función administrativa*",[38] en el mismo sentido GARCÍA DE ENTERRÍA y FERNÁNDEZ quienes destacan que "Acto administrativo sería así la declaración de voluntad, de juicio, de conocimiento o de deseo realizada por la Administración *en ejercicio de una potestad administrativa* distinta de la potestad reglamentaria".[39] BODDA, por su parte, sostiene que acto administrativo es un "pronunciamiento concreto de un sujeto administrativo *en el ejercicio de la función administrativa*".[40]

---

36   La Ley de la Jurisdicción contencioso-administrativa española del 27 de diciembre de 1956, en su artículo 1.1 somete a su jurisdicción, es decir, considera como actos administrativos a "las pretensiones que se deduzcan en relación con los actos de la Administración Pública *sujetos al Derecho Administrativo*" Debe destacarse, sin embargo, que esta Ley fue en gran parte derogada por la Ley 30/1992, de 26 de noviembre, de Régimen Jurídico de las Administraciones Públicas y del Procedimiento Administrativo Común. (cursivas añadidas)

37   MOLES CAUBET, Antonio, "El sistema contencioso administrativo venezolano en el derecho comparado", pág. 15, en el libro *Contencioso Administrativo en Venezuela*, Editorial Jurídica Venezolana, Caracas, 1989.

38   Citado por VILLAR PALASI, José Luis y VILLAR EZCURRA José Luis, en *Principios de Derecho Administrativo*, Op, Cit.

39   GARCÍA DE ENTERRÍA, Eduardo y FERNÁNDEZ, Tomás Ramón, *Curso de Derecho Administrativo*, Op. Cit.

40   Citado por GARRIDO FALLA, Femando, *Tratado de Derecho Administrativo*, Op. Cit.

Otro sector de especialistas extranjeros descartan radicalmente el criterio orgánico de la conceptualización del acto administrativo inclinándose por el criterio material o funcional, en este grupo se encuentran, por ejemplo GUAITA quien afirma que "el concepto de acto administrativo es muy amplio y, por lo mismo, muy breve de expresar: acto (jurídico) regulado por el Derecho Administrativo (o regido por, sometido o sujeto al Derecho Administrativo)",[41] TAFUR GALVIS expresa que: "acto administrativo es el acto jurídico de ejercicio de la función administrativa. Función administrativa que puede ser ejercida directamente por el Estado o también directamente en ocasiones por los particulares"[42]. Por último, nos señala PENAGOS que "el acto administrativo, es el que resulta del ejercicio de la función administrativa, que puede ser ejercida por el Estado o los particulares autorizados por ley"[43].

Ahora bien, con base en lo anterior y para evitar confusiones, debe dilucidarse a ciencia cierta que entienden los autores extranjeros por *función administrativa*, al respecto, GORDILLO nos destaca que debe entenderse por función administrativa en sentido amplio: "Toda actividad que realizan los órganos administrativos, y la actividad que realizan los órganos legislativos y jurisdiccionales, excluidos respectivamente los hechos y actos materialmente legislativos y jurisdiccionales"[44]. Igualmente, ALLESI afirma por su parte que "la función administrativa es la actividad concreta, dirigida, a través de una acción positiva, a la realización de los fines concretos de seguridad, progreso y bienestar de la colectividad. Función, por lo tanto, dirigida a la integración de la actividad individual allí donde esta se revele como insuficiente para los objetivos que sean de interés colectivo; y a la prestación de bienes o de servicios necesarios para asegurar la conservación, y el bienestar común, y que se manifiesta por medio de los actos administrativos"[45]. Por último, con su característica claridad nos enseña SAYAGUEZ que función administrativa es "la actividad estatal que tiene por objeto la realización de los cometidos estatales en cuanto requieren ejecución práctica, mediante actos jurídicos —

---

41   GUAITA, Aurelio en "El concepto de acto administrativo", Op. Cit.

42   Citado por PENAGOS, Gustavo, *El Acto Administrativo*, Tomo I, Librería Profesional, Bogotá, 1992.

43   PENAGOS, Gustavo, *El Acto Administrativo*, Op. Cit.

44   GORDILLO, Agustín, *Tratado de Derecho Administrativo*, Tomo I, Ediciones Macchi, Buenos Aires, 1974.

45   ALLESI, Renato, *Instituciones de Derecho Administrativo*, Tomo I Editorial Bosch, Barcelona, 1970.

que pueden ser reglamentarios, subjetivos o actos condición— y operaciones materiales".[46]

Por supuesto, no es ajena la jurisprudencia extranjera a esta concepción funcional del acto administrativo. En efecto, resulta bastante ilustrativa la definición adoptada por el Tribunal Supremo español en Sala 4.° el 1.° de marzo de 1960,[47] al señalar expresamente:

"En el presente caso es innegable el carácter de acto administrativo que, dado su origen y su objeto propio, tuvo el acuerdo recurrido, pues, además de emanar de un Ayuntamiento, o sea de un entidad administrativa, se refirió a la llamada traída de aguas a domicilio para el vecindario de Freituje, es decir, a un servicio público de carácter municipal inequívoco, por todo lo cual *se trata de un acto de la Administración local sujeto al Derecho Administrativo*" (cursivas añadidas).

Por nuestra parte, en Venezuela, encontramos inclinación tanto en doctrina como en jurisprudencia, desde hace ya bastantes años, por el criterio funcional o material para definir el acto administrativo. Así, en forma bastante clara nos señala FARIAS MATA[48]:

"...muy a pesar de los precisos términos del ordinal 9.°, artículo 7.°, de la derogada Ley de la Corte Federal que concebía el recurso contencioso administrativo específicamente contra los actos de la autoridad administrativa (criterio orgánico); y a pesar del claro dispositivo de la Constitución, que en el ordinal T de su artículo 215 podría conducir a que se concibiera el contencioso administrativo (de ilegalidad) como admisible solo contra los actos administrativos del Ejecutivo Nacional (de nuevo, criterio orgánico); no obstante, la doctrina venezolana había venido trabajando la materia del recurso de anulación —el acto administrativo— dentro de una concepción material y no orgánica de este último."

---

46   SAYAGUEZ LASO, Enrique, *Tratado de Derecho Administrativo,* Tomo I, Montevideo, 1963.

47   Citada por BOQUERA OLIVER José M., en *Estudios sobre el acto administrativo,* Op. Cit.

48   En texto de consulta obligatoria, "El acto Administrativo, materia del recurso contencioso de anulación", en "TENDENCIAS DE LA JURISPRUDENCIA VENEZOLANA EN MATERIA CONTENCIOSO ADMINISTRATIVA." Op. Cit.

Igualmente, BREWER-CARIAS afirmaba en 1964 —aunque posteriormente abandonó este criterio— que "acto administrativo era aquella manifestación de voluntad realizada por una autoridad pública en ejercicio de la función administrativa, con el objeto de producir determinados efectos jurídicos"[49].

Asumiendo el criterio material para la definición de acto administrativo encontramos varios proyectos legislativos,[50] así el Proyecto de Ley de Procedimientos Administrativos elaborado por el Dr. Tomás Polanco en 1963 expresaba textualmente:

> "Artículo 111.— La jurisdicción contencioso-administrativa conocerá de las pretensiones que se deduzcan con relación a los actos de la Administración Pública *sujetos al Derecho Administrativo* (cursivas añadidas).

Igualmente, en el anteproyecto de Ley de la jurisdicción contencioso-administrativa, elaborado por la Comisión de Administración Pública en 1971 se estableció en su artículo 4.° lo siguiente:

> "La jurisdicción contencioso-administrativa no conocerá de los asuntos de índole civil, mercantil o laboral, aún cuando en ella sea parte o haya de intervenir la Administración Pública, salvo que los mismos se planteen como cuestiones prejudiciales o incidentales a la decisión de un recurso contencioso-administrativo."

Pero indudablemente, el criterio material o funcional para conceptualizar el acto administrativo se ha consolidado a través del desarrollo de nuestra jurisprudencia, aun cuando, en la mayoría de los casos, íntimamente relacionado con el criterio orgánico. En efecto, entre las definiciones más explícitas de nuestro Máximo Tribunal pueden mencionarse las siguientes:

La dictada por la antigua Corte Federal de fecha 3 de diciembre de 1959, caso: *Domingo Mucciarelli*[51] donde se destacó que:

---

49   BREWER-CARIAS, Allan, "El Problema de la definición del acto administrativo" Op. Cit.

50   Véase nota 14.

51   Gaceta Forense, 2.ª. etapa, N.° 26, 1959.

"No todo acto emanado de una autoridad administrativa constituye un acto administrativo susceptible de entrar en la esfera de la jurisdicción contencioso-administrativa. En principio, únicamente las pretensiones fundadas en preceptos de Derecho Administrativo pueden ser intentadas ante esta jurisdicción especial; esto es, cuando las pretensiones se deducen con ocasión de las relaciones jurídico-administrativas entre un administrado y la Administración Pública en cualquiera de sus ramas."

Más tarde, la Corte Suprema de Justicia ahora en Sala Político-Administrativa —y estando en vigencia la nueva Constitución— señaló en la sentencia recaída en el caso: *"J.L. Negrón y otros"* del 18-06-63, que:

"la condición de 'acto administrativo' no deriva necesariamente, de la índole del organismo o funcionario que lo realiza; sino de la función o facultad que esta ejerce al realizarlo... No realiza una función creadora dentro del ordenamiento jurídico, que es la función legislativa, ni conoce ni decide acerca de las pretensiones que una parte esgrime frente a la otra, que es la función judicial; sino que es sujeto de derecho, titular de intereses, agente propio de la función administrativa."

Posteriormente, en la decisión de Sala Político-Administrativa del 11-08-65, caso: *Stud Santa María*[52] se destacó que el concepto de acto administrativo:

"ha quedado delineado, como aquella manifestación de voluntad realizada por una autoridad pública actuando en ejercicio de la función administrativa."

Bajo este criterio material del acto administrativo nuestro Máximo Tribunal en Sala Político-Administrativa accedió a controlar los actos emanados de las otras ramas del Poder Público, así, en la sentencia

---

52   Citada por HERNÁNDEZ BRETON, Eugenio, "De los límites exteriores de la jurisdicción contencioso-administrativa", en *Revista de la Fundación de la Procuraduría General de la República, año 3 /número 5*, Caracas, 1988.

del 19-12-74[53] —criterio reiterado en innumerables fallos, en especial, la sentencia del 11-03-93, caso: *Leopoldina de Rodríguez* — se admite el carácter de administrativo de un acto emanado de una Asamblea Legislativa al nombrar un miembro de la Comisión Delegada de la siguiente forma:

"La designación de los miembros de la Comisión Delegada por la Asamblea Legislativa de un Estado si bien es un acto legislativo atendiendo al órgano del que emana, es desde el punto de vista material, un acto administrativo, por cuanto, en virtud del mismo, se crea una situación jurídica subjetiva en relación con determinados funcionarios de la cual dimana para estos derechos y deberes que los inviste de una situación especial en relación con los restantes miembros del cuerpo legislativo."

En el mismo sentido, pero en relación con algunos actos emanados de ciertos tribunales, es decir del Poder Judicial[54] la Sala Político-Administrativa en sentencia del 26 de mayo de 1981, señaló:

"No puede negar esta Sala la tesis por ella misma sostenida en diversos fallos de que no son los órganos de la administración Pública los únicos que pueden dictar un acto administrativo. También un órgano jurisdiccional es capaz de producir un acto administrativo, por ejemplo, entre otros casos, cuando nombra o remueve sus funcionarios administrativos."

Dentro de esta misma concepción material del acto administrativo se encuentra la conocida decisión recaída en el caso: *Fetraeducación*, del 05-06-86, donde se sostuvo lo siguiente:

"se observa que, por definición, el contencioso administrativo se justifica cuando las situaciones jurídicas de los particulares en sus relaciones con la Administración

---

53   Citada por BREWER-CARIAS, Allan, *Nuevas Tendencias en el Contencioso Administrativo en Venezuela*, Editorial Jurídica Venezolana, Caracas, 1993.

54   Sobre el carácter administrativo de los actos del Poder Judicial, consúltese ESCOVAR SALOM, Ramón, en la solicitud de nulidad de los actos administrativos dictados por la Corte Suprema de Justicia referentes a la licencia —y reincorporación— concedida y permitida al Dr. Jesús Moreno Guacarán, publicada en la *Revista de la Fundación de la Procuraduría General de la República, año 7/número 6*, Caracas, 1992.

estén reguladas por normas de Derecho Administrativo (v.g. relaciones de empleo público, servicios públicos, ejercicio de derechos cívicos, etc.) En estos casos, los derechos subjetivos de los particulares son de índole administrativa y si la Administración actuando de manera antijurídica afecta algunas de esas situaciones, el administrado puede solicitar ante la jurisdicción contencioso-administrativa tanto la nulidad del acto, como el restablecimiento de la situación jurídica vulnerada...

No es contencioso administrativo, por el contrario —como lo ha expresado la Corte en los fallos citados y en otros de análoga orientación— cuando la relación que se crea entre la Administración y los particulares está regida por normas de Derecho Privado (civil, mercantil, laboral, etc.) pues, en tales casos aunque intervenga la Administración Pública, tanto el acto como los derechos y obligaciones que de él derivan son de índole privada y en la solución de sus conflictos se aplican normas de Derecho Privado."

En esta oportunidad la Corte precisa —aunque no en forma clara— qué debe entenderse por normas de Derecho Administrativo, y a tal efecto señala:

1.) Es necesario que el Estado intervenga "en la relación jurídica de que se trate, haciendo de la norma jurídica una norma obligatoria", y

2.) Que "aparezca en escena el Estado actuando a través de sus órganos administrativos, dispuesto a tutelar, con su intervención, el interés que la norma declara".

Pero, como lo advierte el profesor FARIAS MATA[55], siguiendo a WEIL, "el problema no queda resuelto, sino —a lo más— remitido ahora a determinar cuando la pretensión que se deduzca está conectada 'con los actos de la Administración Pública sujetos al Derecho Administrativo', como lo rezan la comentada sentencia y la ley española por el fallo citada.

Con la remisión indicada, el problema ahora se agudiza, porque: ¿cómo habremos de saber cuándo nos encontramos precisamente ante una norma de Derecho administrativo?; sobre todo si se toma en cuenta que, incluso, puede esta aparecer colocada, casi subrepticiamente, dentro de un texto legal complejo, no necesariamente este de la misma naturaleza administrativa que la norma concreta sí comporta."

---

55 FARIAS MATA, LUIS H., "El acto Administrativo, materia del recurso contencioso de anulación" Op. Cit.

Esta imprecisión a la hora de determinar la materia del recurso contencioso administrativo ha sido una de las características principales del Derecho Administrativo, ya que a lo largo del desarrollo de esta rama del Derecho no se ha logrado una armonía al definir las instituciones más elementales como: servicio público, interés general, acto administrativo y el mismo Derecho Administrativo, lo que llevó a un importante autor a considerar que "el contencioso administrativo se convertía en una lotería, y sus especialistas en adivinos, en los que no se podía confiar con demasiada certeza"[56].

Es precisamente la diversidad de criterios lo que hace de esta rama un derecho muy casuístico y jurisprudencial, lo que obliga a los especialistas de esta ciencia a permanecer en un continuo contacto con las decisiones de los tribunales contencioso-administrativos.

Este mismo criterio —el sostenido en el fallo *Fetraeducación*— ha sido ampliamente reiterado por la Sala Político-administrativa, así el criterio funcional para la definición de acto administrativo se puede apreciar en las siguientes decisiones[57]: *Creole Petroleum Corporation*, del 22-07-86, *Centro Médico Cabimas S.A.*, del 12-08-86, *Ángel Marcano Urbina*, del 09-10-86 y más recientemente en el fallo recado en el caso: *ANSA*, del 30-03-87, donde se consideró a un acto emanado del Ministerio del Trabajo convocando a una convención obrero-patronal como acto administrativo, con base en el siguiente razonamiento:

"el caso de autos propuesto a este Tribunal es de naturaleza administrativa y no directa y estrictamente laboral. En efecto, no existe hasta ahora un asunto que concreta y específicamente este vinculado al fondo o contenido mismo de una contratación colectiva, sino a la obligación genérica, a la orden o mandato impuesta por el Estado a un particular para que emprenda una negociación destinada a suscribir un Contrato Colectivo. Como en el caso de autos se han llenado los requisitos reguladores de competencia exigidos por el citado fallo de esta Corte antes comentado, la tramitación y conocimiento de este recurso contencioso administrativo de anulación dirigido a impugnar un acto emitido por un órgano de la Administración Pública en ejecución de una norma de Derecho Administrativo... corresponde a esta jurisdicción y así se declara."

---

56   WEIL, Prosper, *El Derecho Administrativo*, Op. Cit.

57   Todas citadas por HERNÁNDEZ BRETON, Eugenio, *De los límites exteriores de la jurisdicción contencioso-administrativa*, Op. Cit.

No cabe duda entonces, que la jurisprudencia patria se inclina por una concepción funcional del acto administrativo, en algunas oportunidades para restringir el control de la jurisdicción contencioso-administrativa a aquellos actos emanados de un sujeto del Estado, pero actuando siempre en ejecución de normas de Derecho Público, y en otras, para ampliar la justicia administrativa al permitir que un sujeto ajeno a la Administración, pero actuando en ejecución de una función administrativa concedida por ley, dicte actos administrativos.

En conclusión, al prescindirse del órgano del cual emana el acto bajo el criterio material, es perfectamente posible incluir la doctrina de los actos de autoridad, ya que los particulares, como se ha indicado antes, pueden coadyuvar con el Estado en la ejecución de las tareas de interés general, y por ende dictar actos susceptibles de ser controlados ante la jurisdicción contencioso-administrativa.

D. *Concepción mixta del acto administrativo*

Por último, es necesario destacar la definición del Profesor BREWER-CARIAS; autor, sin duda, con la mayor influencia y consideración en nuestro Derecho Administrativo. El indicado autor propugna combinar los diversos criterios que se han utilizado para definir el acto administrativo como "la única forma de reconducir a la unidad la heterogeneidad del acto administrativo."[58]

En efecto, bajo esta tendencia se considera acto administrativo:

"toda manifestación de voluntad de carácter sublegal, realizada, primero por los órganos del Poder Ejecutivo, es decir, por la Administración Pública, actuando en ejercicio de la función administrativa, de la función legislativa y de la función jurisdiccional; segundo, por los órganos del Poder Legislativo (de carácter sublegal) actuando en ejercicio de la función administrativa; y tercero por los órganos del Poder Judicial actuando en ejercicio de la función administrativa y de la función legislativa"[59].

En esta forma agrega BREWER-CARIAS, quedarían excluidos de la definición "los actos cumplidos por los órganos del Poder Ejecutivo en función de gobierno, es decir, los actos de gobierno y que no son

---

58   BREWER-CARIAS, Allan R. *El Derecho Administrativo y la Ley Orgánica de Procedimientos Administrativos*, Op. Cit. p. 141

59   Ibidem, p. 141

de rango sublegal sino que, al contrario, son de rango legal. También quedarían excluidos los actos cumplidos por los órganos del Poder Legislativo en función legislativa, como las Leyes, por ejemplo, o en función de gobierno, como serían también las Leyes o los actos parlamentarios sin forma de Ley; o en conexión con la función jurisdiccional como ciertos actos parlamentarios con forma de Ley; o en fin, en función administrativa de rango legal, como serían también ciertas leyes o de actos parlamentarios sin forma de Ley. Por último, quedarían también excluidos de la noción de acto administrativo, los actos cumplidos por los órganos del Poder Judicial, actuando en ejercicio de la función jurisdiccional, es decir, las sentencias o autos de los tribunales"[60].

Esta postura merece algunas consideraciones, aún cuando parte de una premisa radicalmente cierta como es la heterogeneidad de la noción del acto administrativo, en primer lugar, como lo indicamos en el punto anterior, nuestra jurisprudencia e incluso las legislaciones más modernas, han ratificado hasta la saciedad que no todas las actuaciones de la Administración pueden considerarse actos administrativos, es necesario —se reitera— que esta ejecute una norma de Derecho Público.

En este sentido, el autor citado considera que esta tesis resulta "contraria a la Constitución y a la tendencia general de universalidad del control contencioso administrativo que no admite actos administrativos excluidos del control..."[61]. Pero, tal interpretación no puede desprenderse de nuestra Carta Magna, ya que esta solo dispone, en su artículo 206, que: "Los órganos de la jurisdicción contencioso-administrativa son competentes para anular los *actos administrativos generales o individuales contrarios a derecho...*" No define entonces, nuestro Texto Fundamental, que debe entenderse por los actos que se someten al control de la referida jurisdicción especial, labor que le ha correspondido a la legislación y a la jurisprudencia, y esta última, en ausencia de la primera, ha considerado que solo los actos de la Administración que apliquen normas de Derecho Público son actos administrativos, por tanto, parece exagerado afirmar la inconstitucionalidad del criterio material o funcional, el cual ha sido sostenido, entre otras decisiones, en la sentencia del 05-06-86, caso: *Fetraeducación.*

En segundo lugar, es importante señalar que cuando los distintos órganos del Poder Público ejercen una actividad susceptible de ser controlada ante los tribunales contencioso- administrativos, por

---

60   Ibidem, p. 142.

61   BREWER-CARIAS, Allan R. *Nuevas Tendencias en el Contencioso Administrativo en Venezuela,* Op Cit. p.20.

ejemplo, cuando el Poder Ejecutivo realiza una función jurisdiccional, disciplinaria o legislativa —de rango sublegal—; o cuando el Poder Judicial ejerce una labor legislativa, no se está en definitiva, sino en ejecución de una norma de Derecho Público de carácter obligatoria, esto es, ante una función administrativa.

De allí, que la enumeración expuesta por BREWER-CARIAS en su definición, relativa a las diversas funciones realizadas por los órganos del Estado susceptibles del control contencioso administrativo es innecesaria si se acepta el criterio jurisprudencial dominante, que condiciona la calificación de acto administrativo al tipo de norma que se ejecute.

En este sentido, la Sata Político-Administrativa ha señalado, específicamente en los casos de las decisiones administrativas en materia laboral dictadas por la Administración del Trabajo (v.g. procedimientos de calificación de despido, solicitudes de reenganche, etc.), es decir, cuando el Ejecutivo ejerce una actividad jurisdiccional, que estamos en ejercicio de una función administrativa o en ejecución de normas de Derecho Público. Concretamente, en el fallo del 09-04-92, caso: *Corporación Bamundi C.A.*, dispuso la mencionada Sala:

> "Así se llegó a admitir la procedencia de los recursos contenciosos de anulación y la competencia de la Corte Primera de lo Contencioso Administrativo y de esta Sala, para conocer de tales recursos, en los casos de *ejercicio de verdaderas junciones administrativas* por aquellos órganos al intervenir como terceros imparciales, para tutelar intereses colectivos en las controversias surgidas entre trabajadores y patronos..." (cursivas añadidas).

Por otra parte, cuando la Administración, por intermedio del Consejo de la Judicatura, realiza una actividad jurisdiccional y ejerce la potestad disciplinaria sobre los jueces de la República, a los efectos de asegurar la eficacia y decoro de los tribunales, está actuando, en definitiva, sujeta al Derecho Administrativo, debido a "que todas las atribuciones que le han sido conferidas al Consejo de la Judicatura por el legislador son realmente potestades típicamente administrativas"[62].

Por último, la definición señalada por BREWER-CARIAS excluye la posibilidad de que particulares puedan dictar actos administrativos, ya que se limita a enumerar las distintas actividades de los órganos del

---

62   En este sentido, consúltese la decisión de la Corte Suprema de Justicia en Sala Plena del 06-08-91, caso: *Iván Hernández Gutiérrez.*

Poder Público sujetos a la jurisdicción administrativa. Sin embargo, el mismo autor en trabajos posteriores[63] ha reconocido la ampliación del control contencioso administrativo respecto de actos emanados de particulares o personas privadas en ejercicio de autoridad en virtud de ley, garantizando —agrega— el principio de la universalidad del control establecido en el artículo 206 de la Constitución.

En conclusión, el criterio mixto expuesto por BREWER-CARIAS pudiera considerarse tautológico si se considera —como indica la jurisprudencia citada— que las diversas actividades de los órganos del Estado expuestas a la jurisdicción contencioso-administrativa, no es más que una operación del Poder Público en faceta de Derecho Público. Y a la vez, esta noción de acto administrativo no incluye la posibilidad de que particulares puedan dictarlos, es decir, excluye la tesis de los *actos de autoridad*

3. *UN INTENTO DE DEFINICIÓN DE ACTO ADMINISTRATIVO*

Del análisis realizado en el presente capítulo podría desprenderse una definición, que si bien reconoce la heterogeneidad de la actuación administrativa y, en consecuencia, conjuga varias nociones, al mismo tiempo resulta más simple que la concepción mixta en los términos de BREWER-CARIAS, lográndose de esta forma una definición más flexible susceptible de adaptarse a las transformaciones de las funciones del Estado.

En estos términos, acto administrativo será: *la declaración unilateral de voluntad de rango sublegal que crea e impone consecuencias jurídicas a un sujeto o sujetos, emanada de los órganos del Poder Público e incluso de particulares, en ejecución de normas de Derecho Administrativo*[64].

Corresponde ahora razonar esta definición:

a) Declaración unilateral de voluntad.

Al decir que es una declaración unilateral voluntad se busca, en primer lugar, enfatizar que en el momento de dar origen a la

---

63   BREWER-CARIAS, Allan R. *Nuevas Tendencias en el Contencioso Administrativo en Venezuela*, Op Cit. p. 26.

64   Una reciente decisión de la Sala Político-Administrativa del 24-05-94 recaída en el caso: *Luis A. Bautista Rosales*, parece acoger esta definición al señalar: "...se observa que la jurisdicción contencioso-administrativa, de conformidad con el artículo 206 de la Constitución, es competente 'para anular los actos administrativos generales o individuales contrarios a derecho...', es decir, que los órganos de esta jurisdicción, bien sea la Sala Político-Administrativa —como máxima autoridad— o los demás tribunales que la Ley determina, son los encargados de controlar la legalidad de los *actos de rango sublegal dictados en función administrativa...*" (cursivas añadidas) Como puede observarse conjuga los criterios formal y material sin hacer referencia a los órganos con posibilidad de dictar actos administrativos.

manifestación intelectual de los órganos con posibilidad de dictar actos administrativos, estos intervienen en forma exclusiva y soberana, a pesar de que el mismo administrado sea el que ponga en marcha el procedimiento constitutivo del acto o el depurativo de aquél. En el Derecho Civil, por el contrario, los actos jurídicos se caracterizan — aunque con algunas excepciones: v.g. oferta pública de recompensa— por originarse en forma bilateral, es decir, contractualmente, y para obligar solo a los sujetos del negocio jurídico. En segundo lugar, la forma de convertir el poder administrativo, atribuido por ley a determinados sujetos para que cumplan con los fines del Estado, en un acto es a través de una manifestación de voluntad. En definitiva, se quiere resaltar que la Administración puede modificar las situaciones jurídicas por su sola voluntad, sin el consentimiento de los ciudadanos.

b) De rango sublegal

Ya se ha visto la importancia del criterio formal en la definición del acto administrativo —sobre todo a la luz de las recientes decisiones de la Corte Suprema de Justicia— [65], esto quiere decir que la manifestación de voluntad administrativa es indispensable que se dicte en ejecución directa de una norma legal, por tanto, en ejecución mediata o indirecta de la Constitución.

De acuerdo con esta perspectiva, no se consideran actos administrativos, y en consecuencia, quedarán excluidos del universo de la jurisdicción contencioso-administrativa: 1) los Reglamentos emanados del Presidente de la República, en virtud de la interpretación jurisprudencial del ordinal décimo del artículo 190 de la Constitución, que los entiende en ejecución directa e inmediata del Texto Fundamental;[66] y 2) los actos de gobierno, por la misma razón de tener rango equiparable a la ley[67].

Ahora bien, el hecho de que los Reglamentos y los actos de gobierno se encuentren excluidos de la jurisdicción especial administrativa, no quiere decir que estén exentos de control judicial, quedarán pues, sometidos a la jurisdicción constitucional en manos de la Sala Plena de la Corte Suprema de Justicia[68].

---

65   Decisiones de la Sala Político-Administrativa, del 14 de septiembre de 1993 en el caso: *"Carlos Andrés Pérez"*, confirmada más tarde por el Acuerdo dictado por la Corte en Pleno del 25-01-94, transcritas parcialmente *supra*.

66   Véase nota 37.

67   Consúltese, decisión de la Corte Suprema de Justicia en Pleno del 29-04-61, caso: *Tito Gutiérrez Alfaro*. También sobre los actos de gobierno, véase ALFONSO PARIDISI, Juan D. en la *Revista de Derecho Público N.º 52* octubre-diciembre 1992.

68   Véase nota 68.

c) Que crea e impone consecuencias jurídicas a un sujeto o sujetos

Es necesario que los actos unilaterales de los órganos administrativos impongan una decisión ejecutoria a los particulares, con lo cual quedarían excluidos los actos que no producen daño. Siguiendo a VEDEL[69] podríamos elaborar la siguiente lista de actos que no reúnen los elementos de una verdadera decisión susceptible de ser impugnada ante la jurisdicción contencioso-administrativa:

1. Los actos informativos: Como puede ser la expresión del sentimiento de pesar del Presidente de la República o del Consejo de Ministros, la declaratoria de duelo nacional por parte del Congreso de la República, etc.;

2. Los actos preparatorios: (propuestas, dictámenes, informes, etc.) que sirven de fundamento a la decisión definitiva. A manera de ejemplo podemos mencionar, el dictamen obligatorio pero no vinculante elaborado por la Procuraduría General de la República en el procedimiento de antejuicio administrativo previo a las demandas contra la República;[70] o la gestión conciliatoria ante las Juntas de Avenimiento prevista en la Ley de Carrera Administrativa;

3. Las circulares o instrucciones de servicio: Dictadas por los Ministros o jefes de entidades con potestades públicas, en ejercicio de su poder jerárquico, tendientes a organizar el funcionamiento del servicio y a facilitar las relaciones con sus subordinados. Advierte el mismo VEDEL que de algunas circulares o documentos internos pueden desprenderse derechos que repercutan en los particulares, pero será en definitiva el juez, a quien le corresponde determinar la naturaleza de las mismas; y,

4. Debemos agregar los actos de trámite que son "simples presupuestos de la decisión en que se concreta la función administrativa. Constituyen una garantía de acierto de la decisión final. 'Constituyen trámites del expediente que ha de instruirse y al que han de incorporarse diversas actuaciones administrativas y de terceros"[71]. Estos actos de trámite no son, en principio, susceptibles de recurso, ni en vía administrativa, ni en vía judicial, aunque el artículo 85 de la Ley Orgánica de Procedimientos Administrativos admite la impugnación de estos actos en supuestos especiales: cuando "imposibilite su continuación,

---

69   VEDEL, Georges, *Derecho Administrativo*, edición española, Aguilar, Madrid 1980. p. 141

70   Sobre la naturaleza jurídica del Antejuicio Administrativo, véase ESCARRA MALAVÉ, Carlos M., *La responsabilidad patrimonial de la Administración Pública por el hecho ilícito. Procedimiento para su exigibilidad*. Ediciones Amón C.A., Caracas, 1989. pp. 57 y siguientes.

71   GONZÁLEZ PÉREZ, Jesús, *"El Procedimiento Administrativo"*, Publicaciones Abella, Madrid, 1964. p.301.

cause indefensión o lo prejuzgue como definitivo". Igualmente, el artículo 3.° ejusdem, permite a los interesados "reclamar ante el superior jerárquico inmediato, del retardo omisión, distorsión o incumplimiento de cualquier procedimiento, trámite o plazo, en que incurrieren los funcionarios responsables del asunto", esto es lo que se conoce como recurso de queja.

d) Emanada de los órganos del Poder Público e incluso de particulares

No es posible hoy en día seguir limitando los actos administrativos a aquellos dictados únicamente por la Administración Pública, ya se ha observado como las otras ramas del Poder Público, cuando actúan de acuerdo a normas de Derecho Administrativo sus actos son revisables por la jurisdicción contencioso-administrativa, así lo ha necesario el crecimiento de las tareas que debe cumplir un Estado Social de Derecho.

Igualmente, como se verá en el capítulo siguiente, ciertas entidades privadas pueden dictar actos administrativos, en virtud de colaborar con el Estado en la prestación de los servicios públicos. En consecuencia, el órgano emisor de la voluntad administrativa ya no determina cuando un acto es administrativo o no, aunque siempre debe tenerse en cuenta, que la regla general es que emanen de la Administración Pública y la posibilidad de que particulares dicten actos susceptibles de impugnación ante los Tribunales Administrativos es solo excepcional.

e) En ejecución de normas de Derecho Administrativo

Se ha dicho que cuando se ejecuta una norma de Derecho Administrativo estamos en presencia de una función administrativa, independientemente de la actividad que se realice (jurisdiccional, disciplinaria, normativa, etc.) y del órgano del cual emane. Por tanto, descifrar cuando se está en presencia de una norma de carácter administrativo es precisamente lo que va a dilucidar la competencia entre los tribunales ordinarios y los administrativos. De allí, que autores de la talla de WEIL, GARRIDO FALLA y FARIAS MATA advierten que el problema queda sin resolver, "puesto que no se señala el criterio para descubrir cuándo se da tal sujeción al Derecho Administrativo"[72].

Esto es lo que hace tan dinámico al Derecho Administrativo, porque así es su naturaleza, es un híbrido como los fines mismos del Estado, habrá pues, que atender a lo que se deduzca en cada caso, atender al tipo de acto realizado por los órganos con misión de prestar servicios públicos.

---

72   GARRIDO FALLA, Fernando. *Tratado de Derecho Administrativo*, Op. Cit. p. 389.

III

LOS ACTOS DE AUTORIDAD

1. ORIGEN

A. *Francia*

Es en Francia donde se ubica el nacimiento de la tesis que permite que personas privadas puedan dictar actos administrativos. Como ya se ha indicado a raíz de la Primera Guerra Mundial comienza a gestarse grandes cambios económicos y sociales que generaron rápidamente una fuerte crisis en los Estados intervinientes. En efecto, durante la guerra el gobierno francés desarrolló actividades de transporte, de suministro de materias primas, de seguro, de petróleo, entre otras, debido a las hostilidades del conflicto bélico, de allí que este se obligó a utilizar con mayor frecuencia la colaboración de organismos privados, bien bajo la figura del contrato de concesión, o bien la misión del servicio público era confiada a través de una ley.

Esto condujo, afirma WEIL, "a someter a los interesados al control administrativo, más tarde a verdaderas obligaciones de servicio público, y por otra parte, a concederles el beneficio de algunas prerrogativas de poder público... y, correlativamente, a someterles en la misma medida al derecho administrativo especial y a la competencia administrativa"[1].

Estas circunstancias dieron origen a la sentencia del Consejo de Estado francés del 13 de mayo de 1938, en el caso: *Caisse primaire Aide et Protection*, donde se reconoce una gestion directa de servicios públicos confiada a los particulares por los textos legales y no a título de concesión (contrato)[2].

Más tarde se dicta la conocida decisión del Consejo de Estado francés del 31-07-42, recaída en el caso *Monpeurt*, donde el Director del Comité de organización de la industria del vidrio (los comités

---

1   WEIL, Prosper, "El Derecho Administrativo", Op. Cit. p.33.

2   MODERNE, Frank, "Decadencia del punto de vista orgánico en la definición del acto administrativo en derecho francés: los actos administrativos de origen privado." Op. Cit. p.6.

eran especies de colegios profesionales pero relativo a las profesiones económicas o comerciales) impuso a dos empresas productoras de vidrio la obligación de suministrarle cierta cantidad del producto final al 20% de descuento, esto hizo que el Sr. Monpeurt —Director de una de las empresas afectadas— recurriera del acto en cuestión. El Consejo de Estado para fundamentar su competencia dispuso:

> "...los comités de organización, si bien el legislador no los creó como establecimientos públicos, están encargados de participar en la ejecución de un servicio público, y las decisiones que tomen dentro de la esfera de sus atribuciones, sean de carácter general o particular, son actos administrativos..."[3].

En idéntico sentido se pronunció la máxima autoridad administrativa francesa, pero ahora en relación con las órdenes o colegios profesionales (colegio de médicos, de farmacéuticos, de arquitectos, etc.) en la sentencia de fecha 02-04-43, caso: *Bouguen*, se trataba de un recurso por exceso de poder en contra la decisión del "Consejo Superior de la Orden de Médicos" que negaba a uno de sus miembros la apertura de otro consultorio, expresamente se dispuso:

> "...el legislador ha querido hacer de la organización y del control de la profesión, un servicio público que confiere a las decisiones de organismos profesionales cuando se trata de la ejecución de dicho servicio el carácter de actos administrativos"[4].

A pesar del contenido de tales decisiones, una gran parte de la doctrina clásica —aferrándose al criterio orgánico en la definición de acto administrativo— prefirió ver en estos organismos a personas de derecho público de un tipo nuevo, es decir, que a pesar del claro dispositivo de los fallos (el legislador no los creó como establecimientos públicos) se sostenía que los colegios profesionales eran entes públicos que rompían con las estructuras preestablecidas.

De allí, que aún no era aceptaba la tesis de los actos administrativos de origen privado, por ello, resultan de gran relevancia las sentencias del Consejo de Estado del 26-06- 46 y 13-01-61, casos: *Morand* y

---

3   Sobre los comentarios de la sentencia, confróntese un excelente estudio relativo a los actos de autoridad realizado por PÉREZ GÓMEZ, Augusto J. "Los actos administrativos de origen privado" inédito hasta el momento del presente trabajo.

4   Ibidem.

Magnier, respectivamente, con las cuales se consolida la posibilidad de que personas de derecho privado dicten actos administrativos susceptibles de ser impugnados ante los Tribunales Administrativos.

En el primero de los casos, se trataba de una organización agrícola de tipo corporativo constituida bajo formas de derecho privado a las que se les reconoció "ciertos poderes para imponer reglamentos obligatorios a todos los profesionales, estuvieren o no sindicados,"[5] y sus actos eran considerados administrativos.

Mientras que en el caso *Magnier* el legislador había confiado en algunas agrupaciones privadas "la lucha contra los enemigos del cultivo" para proteger las cosechas de los parásitos y roedores, ahora bien, algunos propietarios de siembras se negaron a cancelar los servicios de fumigación, de allí que el prefecto dictó unas órdenes compulsivas de pago contra los deudores, uno de ellos el Sr. Magnier quien recurrió del acto.

Ante esta circunstancia el Consejo de Estado, para determinar su competencia señaló:

"...el legislador ha instituido un servicio público administrativo cuya gestión es confiada, bajo el control de la Administración, a organismos de derecho privado; que, en el caso en que dichos organismos tomen decisiones unilaterales individuales que se impongan a los propietarios o a los usuarios interesados, estos presentan el carácter de actos administrativos sujetos a la competencia de la jurisdicción administrativa".[6]

Sucesivas decisiones del Consejo de Estado francés han confirmado el hecho de que se transmitan misiones de servicio público a una persona privada, y en consecuencia, les sean aplicables, a los actos unilaterales en la ejecución del servicio, un régimen de Derecho Administrativo. Entre otras sentencias podemos mencionar las del: 06-10-61, 30- 03-62, 15-01-68, 22-04-74, 22-11-74 y 23-03-83; casos: *Fédération nationale des huileries métropolitaines moyennes ey artisanales y Groupment national d' achat des produits oléagineux, association nationale de la Meunerie, Epoux Barbier, Epoux Blanchet, FIFAS y Bureau Véritas,* respectivamente.

---

5   MODERNE, Frank, *Decadencia del punto de vista órganico en la definición del acto administrativo en derecho francés: los actos administrativos de origen privado.* Op. Cit. p.7.

6   PÉREZ GOMEZ, Augusto J. *Los actos administrativos de origen privado.* Op. Cit. p. 49.

B. *El caso español*

En España, esta tesis ha sido mucho más limitada. En efecto, la mayoría de los autores españoles niegan la posibilidad de que particulares puedan dictar actos administrativos. Si bien cuando los Colegios Profesionales u otros organismos de aparente naturaleza privada actúan en ejecución de normas de Derecho Público, sus actos son sometidos al control contencioso administrativo, esto obedece a que son considerados órganos de la Administración Pública[7]. En igual, sentido parece orientarse la jurisprudencia dominante[8].

Sin embargo, han comenzado a manifestarse posiciones adversas, así GUAITA destaca que "es indudable que los particulares producen actos jurídicos —es decir, hechos jurídicos humanos, voluntarios, libres— que se rigen por normas administrativas y que en el seno del Derecho Administrativo despliegan su eficacia"[9]. Igualmente, en el auto de la Audiencia Nacional del 11-07-77 recaído en el caso: *Club de Fútbol Barcelona vs. Johan Cruiff* se destacó que la Federación Española de Fútbol no es un órgano de la Administración pero realiza una auténtica función administrativa y por ende puede dictar actos administrativos.

En definitiva, la evolución de la teoría de los actos administrativos de origen privado en España se ha gestado en forma más restringida que en el derecho francés, quizás se deba al dispositivo del artículo 1.º, ordinal 1.º, de la. Ley de la Jurisdicción contencioso-administrativa la cual entró en vigencia en 1956, que textualmente disponía:

> "La jurisdicción contencioso-administrativa conocerá de las pretensiones que se deduzcan en relación con *los actos de la Administración pública* sujetos al Derecho Administrativo y con las disposiciones de categoría inferior a la ley."

C. *Colombia*

En el ordenamiento jurídico colombiano se viene reconociendo desde hace algunos años la doctrina de los actos administrativos

---

7   Véase, VILLAR PALASI, José Luis y VILLAR EZCURRA José Luis, en *Principios de Derecho Administrativo*, Op. Cit, Tomo II, p. 65; GARCIA-TREVIJANO FOS, José A. *Los Actos Administrativos*, Op. Cit, p. 121; BOQUERA OLIVER José M., *Estudios sobre el acto administrativo*. Op. Cit, pp. 63-64.

8   Decisiones del Tribunal Supremo español del 10-06-63 y 29-09-79; casos; *Colegio de Practicantes Médicos y Federación Hípica*, respectivamente.

9   GUAITA, Aurelio en *El concepto de acto administrativo*, Op. Cit, p. 31.

dictados por particulares, así la Corte Suprema de Justicia de Colombia en un fallo del 20-10-77, se expresa:

"Aunque la Federación (se refiere a la Federación Nacional de Cafeteros) no se amolde a los tipos corrientes de las entidades descentralizadas de la administración, si cabe decir que es un organismo *sui generis*, de origen particular, relacionado con la administración por ministerio de la ley, para efectos del cumplimiento de ciertas funciones de interés colectivo, cuyo ejercicio se ha pactado con el Gobierno, y que a causa de este ejercicio, administra el empleo de algunos impuestos. En razón de estas características, la Federación depende en variados respectos del control ministerial, este es, no es extraña a la administrativa. Y cuando de esta depende, reviste, obviamente, índole administrativa"[10].

Esta decisión fue ratificada en una reciente sentencia también de la Corte Suprema de Justicia en Sala Plena del 20-06-90, al señalar:

"...la función administrativa no solo la realiza cualquier tipo de autoridad investida de tales atribuciones, lo que explica que la producción de actos administrativos no esté reservada a la rama administrativa, sino que ellos pueden provenir de las otras ramas del poder público y aún de particulares que CUMPLAN FUNCIONES ADMINISTRATIVAS"[11].

En el plano legislativo el Código Contencioso Administrativo colombiano de 1982, modificado parcialmente en 1989, reconoce, expresamente, la posibilidad de que particulares dicten actos administrativos. Así, el artículo 82 señala:

"Objeto de la jurisdicción en lo contencioso administrativo. La jurisdicción de lo contencioso administrativo está instituida por la Constitución para juzgar las controversias y litigios administrativos originados en la actividad de las entidades públicas y de las personas privadas que desempeñen funciones administrativas. Se ejerce por el Consejo de Estado

---

10   PENAGOS, Gustavo, *El Acto Administrativo*, Op. Cit. p.78.

11   Ibídem. p. 484.

y los tribunales administrativos de conformidad con la Constitución y la ley"[12].

De allí, no cabe duda que en el sistema contencioso administrativo colombiano se permite el control judicial por la especial jurisdicción administrativa de los actos dictados por particulares en ejercicio de funciones administrativas. Esta circunstancia, adelantada por la jurisprudencia desde el 5 de agosto de 1960, ahora es mandato constitucional (artículos 123 y 365 de la C.N.), y legal (artículos 1, 82 y 128, numeral 1.° del Código Contencioso Administrativo)[13].

Por último, hay que observar que la tesis expuesta —control contencioso administrativo de actos de origen privado— es confirmada por el Decreto 2591 de noviembre de 1991, parcialmente reformado por el Decreto 306 del 19-02-92, el cual regula la acción de tutela (conocida en Venezuela como acción de amparo). En efecto, la acción de tutela destinada a la protección inmediata de derechos constitucionales fundamentales debe estar dirigida, exclusivamente, contra cualquier autoridad pública o contra particulares que gestionen un servicio público. (artículos 1.° y 42 y siguientes). Textualmente, señala el artículo 42, ordinal 8.°, ejusdem:

"La acción de tutela procederá contra acciones u omisiones de particulares en los siguientes casos:

8.°.— Cuando el particular actúa o deba actuar en ejercicio de funciones públicas, en cuyo caso se aplicará el mismo régimen que a las autoridades públicas"[14].

---

12   Véase, BORJA ÁVILA, Ramiro, *Código Contencioso Administrativo Comentado*, Temis, Santa Fe de Bogotá, 1992, p. 45.

13   PENAGOS, Gustavo, *El Acto Administrativo*, Op. Cit. pp.77-78.

14   En el mismo sentido se orienta la Ley de la Jurisdicción Constitucional de Costa Rica, al señalar, en su artículo 57, lo siguiente: "El recurso de amparo también se conocerá contra acciones u omisiones de sujetos de derecho privado, cuando estos actúen o deban actuar en ejercicio de funciones o potestades públicas, o se encuentren de derecho o de hecho, en una posición de poder frente a la cual los remedios jurisdiccionales comunes resulten claramente insuficientes o tardíos para garantizar los derechos y libertades a que se refiere el artículo 2, inciso a de esta Ley." Véase, BREWER-CARIAS, Allan R. "*El amparo a los derechos y garantías constitucionales (una aproximación comparada)*, Editorial Jurídica Venezolana, Caracas, 1993, pp.103-105.

D. *Venezuela*

La doctrina de los actos de autoridad en Venezuela tiene su origen —al igual que en el derecho francés— en las decisiones relativas a los Colegios Profesionales,[15] ya que si bien no se les consideraba —en forma unánime— como personas de derecho privado en ejecución de servicios públicos capaces de elaborar actos administrativos, algunos autores e incluso algunas decisiones de los tribunales contencioso-administrativos habían advertido el carácter privado de estas corporaciones, y las respectivas consecuencias en el régimen jurídico-administrativo.

Al respecto, el profesor FARIAS MATA señala:

"Pareciera que las sentencias de la Corte Primera de lo Contencioso Administrativo, admitiendo recursos contra actos emanados de los colegios profesionales, se afilian a la misma concepción, rompiendo así, tal como ha sucedido en la jurisprudencia extranjera, no solo con los moldes exclusivamente orgánicos para precisar el objeto del recurso contencioso administrativo, sino más bien hasta la propia noción de acto administrativo; esta ahora parece extenderse aún a los emanados de órganos, no propiamente los de la administración del Poder Ejecutivo (Véase entre otros fallos, el de fecha 22-06-78 Arturo Luis Torres Rivero contra acto del Colegio de Abogados del Distrito Federal)"[16].

Posteriormente, una vez consolidada la tesis de los actos de autoridad en Venezuela se admitió en una decisión de la Corte Suprema de Justicia de fecha 22-09-87, caso: *Federación de Colegios de Abogados de Venezuela*, que los colegios profesionales no eran personas de derecho público, así, se sostuvo que:

"...para el derecho moderno los organismos profesionales se sitúan en la frontera del derecho público y del derecho privado, conservando del primero las prerrogativas del poder público, tomando del segundo sus modos de gestión, afirmando en definitiva la tendencia al desarrollo de un derecho profesional, y que aún cuando las directivas de

---

15   Véase lo expuesto en el capítulo II, 2.1.

16   FARIAS MATA, LUIS H., *El acto Administrativo*, materia del recurso contencioso de anulación" Op. Cit. p.5.

los colegios profesionales no constituyen establecimientos públicos, son ellas las encargadas de participar en la ejecución de un servicio público, y, en consecuencia, sus decisiones reglamentarias e individuales constituyen actos administrativos sometidos a la competencia de la autoridad administrativa"[17].

Igualmente, señala PÉREZ GÓMEZ, que no solo en las decisiones relativas a los colegios profesionales suelen encontrarse los antecedentes de los actos administrativos dictados por particulares, sino también en la controversial sentencia de la Sala Político-Administrativa del 18-06-85 recaída en el caso *Leopoldo Díaz Bruzual vs. Banco Central de Venezuela*, en efecto, el fallo referido sostuvo que:

"...Es pues, el Banco Central de Venezuela el mejor ejemplo de la capacidad de personas de derecho privado o de derecho público para efectuar indistintamente los actos de derecho público que la Ley le permita y de derecho privado que no les prohiba. En efecto, constituido inicialmente como persona jurídica privada destinada a realizar operaciones bancarias —regidas por el Código de Comercio y demás leyes mercantiles—, ningún obstáculo tuvo para que ejerciera conjuntamente todas las facultades administrativas que les fueron transferidas por la Administración Pública Nacional."

No fue sino hasta el 13 de febrero de 1986 cuando la Corte Primera de lo Contencioso Administrativo, con motivo de una acción de amparo constitucional ejercida por algunos miembros de la Junta Directiva de la Asociación de Tiro del Distrito Federal frente a la omisión de oportuna respuesta en que incurrió el Consejo de Honor de la Federación Venezolana de Tiro, reconoció, expresamente, que a personas privadas se les podía aplicar un régimen de Derecho Administrativo. El fundamento de la décision consistió en que el Consejo de Honor de la Federación de Tiro de Venezuela (ente de carácter privado) al ejercer las facultades sancionatorias que prevé la Ley del Deporte en sus artículos 67, 68 y 70 se comporta como una verdadera *autoridad,* y en consecuencia le resultan aplicables las disposiciones de la Ley Orgánica de Procedimientos Administrativos.

---

17   *Revista de Derecho Público N.º 32*, Editorial Jurídica Venezolana, Caracas, 1987, pp. 87-88.

Sin embargo, con anterioridad, el 24 de abril de 1985 el mismo Tribunal había admitido un recurso de nulidad contra una decisión también del Consejo de Honor de la Federación de Tiro del Distrito Federal, el fundamento del auto de admisión fue el siguiente:

"La consideración de que la sola naturaleza privada de un ente no es suficiente para excluir de la competencia genérica de la Corte prevista en el ordinal 3.º del artículo 185 de la Ley Orgánica de la Corte Suprema de Justicia, las acciones de nulidad de los actos que produzcan cuando estos en verdad sean dictados en ejercicio de potestades públicas que le han sido delegadas, constituyen por tanto actos administrativos sustancial y formalmente, dotados de autoridad, es decir de ejecutividad y ejecutoriedad"[18].

Pero en definitiva, la sentencia de mayor notoriedad a la cual se le atribuye el origen de la teoría de los *actos de autoridad* es la pronunciada por la Corte Primera de lo Contencioso Administrativo el 18 de febrero de 1986 recaída en el caso *Sociedad de Autores y Compositores de Venezuela (SACVEN)* recordemos los hechos:

La Junta Directiva de *SACVEN* publicó en la prensa el día 07-06-82 la Tarifa exigible a los "establecimientos comerciales que usen música y expenden al público bebidas de cualquier género" por la cesión de los derechos de explotación sobre las obras del repertorio de la indicada Sociedad. En tal virtud, la Asociación Civil de Propietarios y Arrendatarios de Expendios de Licores, Similares y Afines del Estado Yaracuy solicitó ante el Juzgado Superior en lo Civil, Mercantil y Contencioso Administrativo la nulidad de la indicada Tarifa. Posteriormente, este Tribunal declinó la competencia en la Corte Primera de lo Contencioso Administrativo.

El primer planteamiento que resolvió la Corte en su decisión fue lo relativo a la posibilidad de que entes de derecho privado dicten actos administrativos, al respecto dispuso:

"...dentro del marco del Derecho Comparado, otros ordenamientos jurídicos admiten que personas jurídicas de Derecho Privado, que a su vez carecen de un origen

---

18   Sobre los comentarios de las primeras sentencias de los actos de autoridad en Venezuela, véase, FELICE CASTILLO, Carlos, *"Los actos administrativos de las personas privadas y otros temas de Derecho Administrativo"*, Academia Nacional de la Historia, Caracas, 1990, pp. 103 y ss.

de conducción pública pueden efectivamente dictar actos administrativos; sustentados para tal afirmación en la tesis 'ya del fin de la sociedad'; o en el criterio más difundido y aceptado de: la existencia de prerrogativas. Este último supuesto está dado al encontrar un sujeto de origen privado y sujeto a las normas del Derecho Civil o del Derecho Mercantil, pero al mismo tiempo es destinatario de una habilitación o delegación de naturaleza legal por la cual pasa a participar en forma directa de las potestades públicas, o sea del 'imperium' propio del Estado o de los órganos que lo expresan.

"Ante el anterior supuesto, debemos afirmar, que hemos topado con personas de evidente origen privado y en las cuales el Estado no tiene injerencia, pero por expresas delegaciones con fundamento a la Ley, estas realizan actos que están reservados al Poder Público, y en tal consecuencia dictan providencias administrativas."

Posteriormente, el 24-11-86 la misma Corte Primera de lo Contencioso Administrativo califica de *acto de autoridad* al dictado por el Consejo Universitario de la Universidad Católica Andrés Bello al rechazar una tesis doctoral presentada por la ciudadana María Josefina Bustamante; el 16-12-87 esta misma Corte considera también acto administrativo o de autoridad al emanado del *Directorio Regional del Estado Miranda de los Criollitos de Venezuela* por haber negado la transferencia de Liga al menor Carlos Ernesto Vincens Jubes; el 19-01-88 reafirma la tesis de los actos administrativos de origen privado al declarar la nulidad de un acto emanado del Consejo Universitario de la Universidad Católica Andrés Bello que había propuesto el nombramiento del Profesor Hugo Nemirovsky para una cátedra de la Facultad de Derecho. En conclusión, en virtud de estas decisiones quedaba consolidada en la jurisprudencia venezolana la teoría de los *actos de autoridad*.

2. CONDICIONES PARA LA CALIFICACIÓN DE ACTOS DE ORIGEN PRIVADO COMO ADMINISTRATIVOS

Es este, sin duda, el problema capital de la doctrina de los actos administrativos dictados por personas de Derecho Privado, debido a. que, lógicamente, no todas las actuaciones de entidades privadas encargadas de un servicio público pueden catalogarse como sometidas a un régimen de Derecho Administrativo, ya que ni siquiera todas las actuaciones de la Administración son considerados como administrativas.

Construir una base firme de postulados que permitan verificar cuando estamos en presencia de un acto administrativo, permite reducir las arbitrariedades de los tribunales e incrementa, paralelamente, la seguridad jurídica, pero es precisamente este dilema el que ha ocupado a los grandes tratadistas del Derecho Público sin haberse llegado —como se ha indicado antes— a alguna conclusión parcialmente aceptada.

En consecuencia, hay que determinar, al menos, cuáles son los criterios que tanto la doctrina como la jurisprudencia han precisado para calificar un acto de origen privado como administrativo y por tanto, sometido al control de la jurisdicción contencioso-administrativa, para en lo posible conseguir algunos parámetros parcialmente lógicos que faciliten su condicionamiento. Ahora bien, en el desarrollo de esta doctrina se han asumido diversas posiciones para atribuir naturaleza administrativa a un determinado acto, a continuación se analizarán las más relevantes.

A. *Criterio de las prerrogativas públicas*

Cierto sector de la doctrina e incluso la jurisprudencia han considerado que basta la presencia de prerrogativas públicas en las actuaciones de los particulares para que sus actos sean calificados como administrativos.

Se ha definido las prerrogativas públicas como: la facultad extraordinaria de tomar y ejecutar decisiones frente a las demás personas, incluso en contra de su voluntad y con carácter obligatorio. En este sentido, RONDON DE SANSO identifica el término de prerrogativas públicas con la *autarquía,* y la define señalando que "existirá autarquía cuando el ordenamiento atribuya a la actividad de una persona jurídica análogo carácter al que tiene la Administración Pública, para que ella pueda actuar en la atención de sus intereses, con idéntica eficacia y con los resultados que son propios del Estado-persona"[19].

Pues bien, para algunos autores es condición necesaria y suficiente la existencia de ese poder de mando, para que personas privadas dicten actos administrativos. Esta postura fue sostenida inicialmente en Francia por el Profesor WALINE comentado las decisiones del Consejo de Estado francés en los casos: *Fédération national des huileries y Groupement national des produits aléagineaux* y *Capus,* precisando que solo en los casos que organismos privados dictaran actos que se

---

19   RONDON DE SANSO, Hildegard, "Ampliación del ámbito contencioso administrativo", en *Revista de Derecho Público N.º* 22 abril-junio 1985, p. 35.

impusieran a los interesados y constituyan el ejercicio de prerrogativas públicas, estos pueden catalogarse de administrativos[20].

En Venezuela esta tesis fue mantenida por RONDON DE SÁNSO, al referirse a los entes privados con posibilidad de dictar actos administrativos señalando que:

> "Lo determinante es que se trata de organizaciones regidas por el derecho privado pero dotadas de un poder de imperactividad (posibilidad de degradación de los derechos subjetivos a simple interés o posibilidad de modificación del contenido de los mismos, que se ejerce en forma unilateral y que no tiene efectivo control por parte de los órganos jurisdiccionales tradicionales...(omissis)... Lo importante es la existencia de la relación de supremacía de carácter unilateral con que van a ejecutarse las decisiones"[21].

La decisión del 18-02-86, recaída en la *caso: SACVEN,* asumió este criterio de la sola necesidad de existencia de prerrogativas públicas para catalogar de administrativo algunos actos emanados de personas de origen privado. En efecto, el citado fallo al referirse a la "Tarifa" señaló:

> "...la primera característica de este acto, es que tiene la condición de unilateral, en el sentido de que emana exclusivamente de una sociedad autoral, y está dirigida a todos aquellos establecimientos comerciales que utilizan obras musicales del repertorio de dicha entidad; es de observar que los sujetos destinatarios del acto pueden ser y serán personas distintas a los asociados en la entidad autoral, o sea, el acto va a producir consecuencias jurídicas que evidentemente trascienden al ámbito personal que concurre en la asociación civil que lo dicta, en otros términos, el acto impugnado tiene ciertamente efectos jurídicos subjetivos, tal y como lo exige la definición del acto administrativo que nos ha servido de guía y que acogimos como suficiente para realizar el presente examen. En conclusión, tenemos que

---

20　Sin embargo el mismo WALINE ratificó su posición a raíz de la decisión del Consejo de Estado francés en el *caso Fédération des industries françaisd'articles de sport,* véase PÉREZ GÓMEZ, Augusto J. "Los actos administrativos de origen privado" Op. Cit. pp. 55 y ss.

21　RONDON DE SANSO, Hildegard, "Ampliación del ámbito contencioso administrativo" Op. Cit, p.36.

afirmar que estamos en presencia de un acto dictado por una persona jurídica de carácter privado que sin realizar convención alguna creó derechos subjetivos novedosos, lo que se identifica con los actos administrativos que conforme a la delegación establecida por nuestro legislador en el artículo 62 de la Ley Sobre Derecho de Autor, se habilitó a las entidades autorales para dictar las TARIFAS para determinar el monto de las remuneraciones que deben pagar quienes explotan económicamente las obras que constituyen los repertorios de dichos entes, lo que expresamente declara esta Corte."

Posteriormente, la Sala Político-Administrativa asumió este criterio en un fallo del 19-05-88 recaído en el caso: *Universidad Santa María* al expresar lo siguiente:

"En efecto, el elemento de atracción de la competencia de un tribunal contencioso administrativo respecto a las personas jurídicas privadas, no puede ser otro distinto a que el acto, hecho u omisión que se le impute haya sido emitido actuando como 'autoridad', por expresa delegación legislativa (v.g. al ejercer una facultad sancionatoria). No se trata de que la persona privada sea una 'autoridad' genéricamente hablando (en el caso rectoral) sino de que la actuación concreta que se le impute ha de ser un 'acto de autoridad' en el sentido admitido por el derecho público y por ende, susceptible de caer en el ámbito de control de la jurisdicción contencioso-administrativa."

Como se observa, en los fallos transcritos se exige, además, que esas prerrogativas públicas sean concedidas por "expresa delegación legislativa", esto es que una Ley (considerada en sentido amplio, ley, decreto-ley, reglamento, etc.) otorgue al ente privado fuerza pública para imponerse a los particulares. Este requisito es de vital importancia para mantener la tesis de los actos de autoridad dentro de sus justos límites, ya que las organizaciones privadas (asociaciones, clubes, empresas, etc.) pueden voluntariamente someterse a un régimen disciplinario, y en consecuencia al ser aplicado, sus actos no pueden considerarse como administrativo debido a que el Estado no se ha interesado en otorgarles *autarquía*.

En efecto, si bien se puede considerar que el acto de un Tribunal Disciplinario de un club social que sanciona a uno de sus miembros, es en ejecución de un poder de mando y en consecuencia ese organismo se comporta como una autoridad, no se puede calificar de acto administrativo, y esto debido a que el Estado no ha intervenido —mediante una ley— para asignarles tales prerrogativas públicas.[22]

Igualmente, habrá que atender a que órganos específicos la ley le atribuye las prerrogativas públicas debido a que no toda dependencia de alguna persona privada con facultades delegadas para dictar actos administrativos queda a su vez posibilitada para ejercer "fuerza pública". Así, PÉREZ GÓMEZ destaca que en el caso de las asociaciones deportivas, la Ley del Deporte solo delega prerrogativas públicas a las Federaciones Deportivas Nacionales y no a otras entidades deportivas, por ello, la Asociación Criollitos de Venezuela no está facultada para dictar actos administrativos.[23]

En conclusión, la habilitación legislativa adquiere capital relevancia para dilucidar cuando una persona de derecho privada ejerce prerrogativas públicas, aceptar la posibilidad de que ciertas organizaciones por el solo hecho de encontrarse en situaciones de supremacía sobre sus súbditos puede dictar actos administrativos, conllevaría a extender ilimitadamente el ámbito del Derecho Público, derogando así, las normas ordinarias del Derecho Civil.[24]

Es así, como para algún sector de la doctrina, aceptado por algunas decisiones de los tribunales contencioso-administrativos, consideran suficiente para que los particulares dicten actos administrativos y en consecuencia sean susceptibles de control judicial administrativo, cuando ejerzan prerrogativas públicas atribuidas por el legislador.

---

22   Sin embargo, la Dra. Sansó en el trabajo citado amplía el ámbito del contencioso administrativo a todas las entidades privadas que puedan imponerse sobre los particulares, y así podrán dictar actos administrativos: "los sindicatos sobre sus asociados; son los colegios o institutos docentes (colegios, universidades, escuelas) sobre los miembros de la comunidad educativa; son las sociedades autorales, esto es la que tutelan el derecho de autor, de los creadores y compositores cuyas obras representan; son las asociaciones deportivas sobre sus asociados; son los partidos políticos sobre sus afiliados; son los clubs sociales sobre sus consocios."

23   PÉREZ GÓMEZ, Augusto J. "Los actos administrativos de origen privado" Op. Cit. p. 242 y ss.

24   Es importante destacar, como lo señala PÉREZ GÓMEZ, que el derecho común tiene remedios suficientes en contra de actos de particulares que no son administrativos. En este sentido, el autor citado trae a colación una decisión del Juzgado Superior Cuarto en lo Civil, Mercantil y del Tránsito de la Circunscripción Judicial del Distrito Federal y Estado Miranda, en el juicio intentado por la *Unidad de Cirugía Plástica, Doctor Pacillo, C.A. (UNICIPLA) contra La Lagunita Country Club*, debido a que el indicado club social se negó a admitir como socio al demandante, en tal virtud, el mencionado Juzgado a través de una medida cautelar innominada (consagrada en el artículo 588 del Código de Procedimiento Civil) acordó al demandante el derecho a ejercer su condición de socio mientras durase el proceso.

B. *Criterio del servicio público*

De igual forma, otros autores —fundados en decisiones de los tribunales contencioso-administrativos— señalan que basta que un particular esté prestando un servicio público para que sus actos revistan el carácter de administrativo. Así, en Francia a raíz de las sentencias del Consejo de Estado francés, casos: *Morand* y *Magnier* se señalaba que por el solo hecho de que las organizaciones agrícolas (caso *Morand)* —creadas bajo formas de sindicatos— tienen a su cargo servicios públicos, "las decisiones que ellas tienen que adoptar, en cumplimiento de esa misión, constituyen actos administrativos." Igualmente cuando los "grupos de defensa contra los enemigos del cultivo (caso *Magnier)* tenían a su cargo la gestión de un servicio público administrativo bajo el control de la Administración" sus actos eran administrativos.[25]

En Venezuela, esta tesis de la necesaria y exclusiva condición de la prestación de servicios públicos por parte de los entes privados para que sus actos sean considerados administrativos parece haber sido acogida en la decisión de la Sala Político-Administrativa del 06-05-93, caso: *Ruperto Machado* donde textualmente se dispuso:

> "...el control jurisdiccional ejercido por los Tribunales de lo Contencioso Administrativo se extiende no solo sobre los actos dictados por órganos de la Administración Pública Nacional, Estadal o Municipal, Centralizada o Descentralizada, sino también respecto de los que provengan de cualquier organismo, público o privado, *que haya sido válidamente facultado por la Ley o por el órgano competente para proveer a la satisfacción de los intereses colectivos; o lo que es lo mismo, para ejercer funciones administrativas.* Es requisito indispensable para que un acto emanado de un particular pueda ser calificado de "administrativo", que el mismo —*a más de atender a la satisfacción de intereses colectivos*— haya sido dictado en ejecución de un texto legal o por virtud de un acto delegatorio anterior a él." (cursivas añadidas)

---

25 MODERNE, Frank, "Decadencia del punto de vista orgánico en la definición del acto administrativo en derecho francés: los actos administrativos de origen privado." Op. Cit. p. 8.

C. *Criterio de la concurrencia de ambas nociones*

Por último, encontramos la posición —más aceptada, por cierto— que sostiene que ambas nociones están "íntimamente ligadas en el sentido que un poder de decisión constitutivo de una prerrogativa pública solo puede ser atribuido a una persona privada si es gestora de un servicio público." Por tanto, aún cuando en algunas decisiones de los tribunales contencioso-administrativos no se haga referencia a la noción de servicio público esta se encuentra implícita. Se afirma "que sí existe una relación íntima entre gestión de un servicio público y la atribución dé un poder de tomar decisiones unilaterales, en el sentido que toda persona privada en ejercicio de facultades gestiona un servicio público y por ello la discusión resulta inútil."[26]

En el mismo sentido MODERNE expresa que: "Cuando personas privadas quedan habilitadas para gestionar un servicio público administrativo es normal (y a veces hasta necesario) el atribuirles prerrogativas de potestad pública, sin las cuales estos entes privados no podrían asegurar el predominio del interés general sobre los intereses particulares (idea esta que se encuentra en la base misma de la existencia de un servicio público, entendido como actividad de interés general con la que, en última instancia, deben cargar los poderes públicos)."[27]

Igualmente, FELICE CASTILLO al referirse a las decisiones de las Federaciones Deportivas destaca que: "no se puede afirmar que todas las actividades de las federaciones son verdaderas misiones de servicios públicos, son aquellas que son expresión de prerrogativas de potestades públicas. La sanción es la expresión por excelencia de una prerrogativa de potestades públicas. Ella es extraña al derecho privado son facultades exorbitantes del derecho privado y es en ejecución de prerrogativas de potestades públicas."[28]

Es que además, el hecho de que el Estado confiera mediante sus órganos "fuerza pública" a una organización privada mediante una ley, es difícil pensar que sea con intenciones distintas al interés colectivo, es decir, por lo general se concederá *autarquía* a un particular con la finalidad de que gestione un servicio público. De allí, que como afirman la mayoría de los autores franceses que han tratado el tema, el problema de determinar si las condiciones de servicio

---

26   PÉREZ GÓMEZ, Augusto J. "Los actos administrativos de origen privado" Op. Cit. p.62 y ss.

27   MODERNE, Frank, "Decadencia del punto de vista orgánico en la definición del acto administrativo en derecho francés: los actos administrativos de origen privado." Op, Cit. p. 10.

28   FELICE CASTILLO, Carlos, *Los actos administrativos de las personas privadas y otros temas de Derecho Administrativo*, Op. Cit. p.98.

público y prerrogativas públicas son alternativas o acumulativas es, en definitiva, "un falso dilema".

También nuestros tribunales han acogido estas enseñanzas, en efecto en la decisión de la Corte Primera de lo Contencioso Administrativo del 24-11-86 en el caso *María Josefina Bustamante vs. la Universidad Católica Andrés Bello* se dispuso que:

> "...lo que determina que una *Universidad privada* esté sometida a esta jurisdicción contencioso-administrativa, es la posible actuación de tales establecimientos conforme a delegaciones que la Ley hace y que la habilita para dictar providencias administrativas, por cuanto sus actuaciones ordinarias no académicas están sometidas a relaciones propias del Derecho Privado; ciertamente, en el presente caso, *nos encontramos ante un ente de Derecho Privado que en ejercicio de prerrogativa delegadas cumple Junciones propias de los organismos públicos...*" (cursivas añadidas).

En conclusión, para que un acto emanado de personas de derecho privado sea considerado como administrativo es necesario que el particular esté colaborando con el Estado en la prestación de un servicio público, y además que ejerza prerrogativas públicas que le hayan sido atribuidas por algún texto normativo.

Pero con esta delimitación no queda resuelto el problema de los "actos de autoridad", debido a que las mayores dificultades las encontramos, precisamente, en la interpretación de las indicadas condiciones. Así, en algunos casos la actividad prestada por un determinado particular será considerada como servicio público y más tarde, en circunstancias similares, puede dejar de serlo o viceversa. A manera de ejemplo, en Francia a finales del siglo pasado todo lo relacionado con la industria del Tabaco era considerado como un servicio de interés general, hoy en día difícilmente pueda verse en esa actividad algún rasgo de servicio público. Igualmente, antes de los años setenta no podía pensarse en que el deporte fuera una actividad fundamental para el Estado, hoy día se encuentra en distintos textos legislativos (Ley Orgánica de Educación, Ley del Deporte, Reglamento de la creación del Instituto Nacional del Deporte, etc.), la calificación del deporte como un servicio público.[29]

Pero además, en algunos casos la consideración de servicio público puede estar controvertida, más aún cuando la actividad

---

29   Ibídem.

administrativa ha incursionado en la industria y en el comercio con la finalidad de obtener una fuente de ingresos segura, de manera que en oportunidades no se sabrá —con certeza— cuando estamos en presencia de un servicio público.[30]

Similares dificultades las encontramos a la hora de determinar cuándo un acto es dictado en uso de prerrogativas exorbitantes concedidas por ley. En efecto, la relatividad de este concepto ha llevado a que los tribunales de la jurisdicción contencioso-administrativa no hayan podido reconocer con certeza la presencia en los casos concretos de "fuerza pública." Igualmente, en ocasiones se plantean dudas para determinar la existencia de una habilitación legislativa, además de la controversia de si esa delegación tiene que ser expresa o permite habilitaciones genéricas.

De allí, que en definitiva siempre quedará al juez la ardua labor de interpretación y consideración de estos términos, y de ello dependerá el desarrollo de la doctrina de los actos administrativos de origen privado. A continuación se presentan algunos ejemplos de entidades privadas con posibilidad de dictar actos administrativos y el tratamiento dado por la jurisprudencia venezolana.

3. *ALGUNOS CASOS PARTICULARES:*

A. *Las Universidades Privadas*

La primera oportunidad que tuvo la Corte Primera de lo Contencioso Administrativo de conocer sobre algún acto dictado por una Universidad privada fue en caso de *María Josefina Bustamante vs. Universidad Católica Andrés Bello.* En esta decisión del 24-11-86 —citada parcialmente *supra*— el indicado Tribunal reconoce la existencia de un servicio público prestado por una persona privada, de conformidad con lo dispuesto en el artículo 4.° de Ley Orgánica de Educación.[31] Igualmente, admitió que las Universidades privadas estaban en ejercicio de prerrogativas delegadas por Ley y en consecuencia cumplen funciones propias de los organismos públicos.

---

30 No se ha querido abundar en la problemática de la definición del servicio público, y en especial sobre la crisis de esta noción, debido a que desborda el punto central del presente trabajo. Al respecto, consúltese, entre otras obras, a GARRIDO FALLA, Femando. *Tratado de Derecho Administrativo,* Op. Cit, pp.321 y ss.

31 Señala la mencionada disposición: "La educación, como medio de mejoramiento de la comunidad y factor primordial del desarrollo nacional, es un servicio público prestado por el Estado, o impartido por los particulares dentro de los principios y normas establecidas en la Ley, bajo la suprema inspección y vigilancia de aquél y con su estímulo y protección moral y material."

Al encuadrar el caso particular dentro de los principios y condiciones requeridas para la calificación de un acto de origen privado como administrativo no tuvo problemas la Corte Primera de lo Contencioso Administrativo para calificar el acto del Consejo Universitario de la Universidad Católica Andrés Bello, que negó la aprobación de la tesis doctoral a la recurrente como de naturaleza administrativa.

Sin embargo, en esta decisión el Magistrado Jesús Caballero Ortiz salvó su voto, por considerar que las Universidades privadas no están dotadas de las prerrogativas de poder público necesarias para dictar actos administrativos. Luego de realizar un análisis de los artículos de la Ley de Universidades que se refieren a las Universidades privadas (173 y siguientes) concluye que no existe fuerza pública delegada por Ley sino simples obligaciones impuestas a la Universidades privadas como sujetos pasivos de una relación jurídico-administrativa[32] Posteriormente, en la decisión, también de la Corte Primera de lo Contencioso Administrativo, del 19-01-88, caso: *Ramón Escovar León vs. Universidad Católica Andrés Bello* se calificó de administrativo el acto emanado del Consejo Universitario de esa casa de estudio que nombró como profesor de la Escuela de Derecho en la cátedra de Derecho de Pruebas de 4.º año al Profesor Hugo Nemirovsky. En esta oportunidad la Corte fundamentó su decisión con el criterio del servicio público e identifica las prerrogativas públicas con las obligaciones impuestas a las instituciones privadas por la Ley de Universidades, así, expresamente dispuso:

> "...los nombramientos del personal docente y de investigación de las Universidades Privadas, por la función que con ellos se realiza, pueden calificarse de naturaleza administrativa, porque a través de estos actos se consiguen los fines que el Estado aspira lograr con la autorización de la creación de tales universidades; que son los mismos que para toda institución universitaria se señala en los artículos 2.º, 3.º y 4.º de la Ley de Universidades. Mediante estas autorizaciones, en los particulares, junto con el Estado, intervienen en la gestión de la prestación de un servicio público, *y al obligárseles a que apliquen la Ley de Universidades en la ejecución de dicho servicio, y en concreto en las designaciones de su personal docente, realizan, como en el presente caso funciones administrativas.* Y ello con independencia de la naturaleza privada de la relación de la prestación de servicios que surge entre la Universidad y el profesor." (cursivas añadidas)

---

32   Para una crítica detallada del fallo, consúltese PÉREZ GÓMEZ, Augusto. J. "Los actos administrativos de origen privado" Op. Cit. pp.227 y ss.

En la decisión del 19-05-88 de la Sala Político-Administrativa recaída en el caso *Edgard Mendoza Croquer vs. Universidad Santa María* donde se cuestionaba la validez de la designación del rector de esa institución, la Sala negó el carácter administrativo del acto en virtud de que no se trataba de una "imposición unilateral de conducta", a pesar de reconocer la posibilidad de que las Universidades privadas dicten actos sujetos al control contencioso administrativo. En efecto, la decisión afirmó que:

"Cuando la Universidad dicta un Reglamento, un régimen disciplinario, un sistema de selección de profesor, un sistema de recursos, controla el otorgamiento de un título o de una calificación, lo hace en función de la autoridad que le ha conferido la ley, y por lo tanto, la normativa jurídica aplicable es la propia del Derecho Público. Ello no la hace administración pública en sentido subjetivo, pero sus actos sometidos a aquél derecho especial, resultan también sometidos a la jurisdicción propia del mismo, es decir, la jurisdicción contencioso-administrativa".

Ahora bien, en una reciente decisión de la Corte Primera de lo Contencioso Administrativa con Ponencia del Magistrado Jesús Caballero Ortiz del 09-02-94, caso: *Norma Carrasquel de García*, se impuso el criterio sostenido por el Ponente en el voto salvado de la decisión *María Josefina Bustamante* al señalar que a las Universidades privadas no le han sido otorgadas prerrogativas públicas, y en consecuencia sus actos no pueden calificarse de administrativos. Así señaló la Corte:

"2.— Las universidades privadas, por el contrario, no están dotadas de prerrogativas de poder público ni se encuentran habilitadas para dictar actos que puedan calificarse como actos administrativos. En efecto, los artículos 173 y siguientes de la Ley de Universidades no han hecho otra cosa que imponerle obligaciones a las universidades privadas como sujetos pasivos de una relación jurídico-administrativa... (omissis)

Como claramente se desprende de la anterior enunciación, en ninguna de ellas aparece esbozo alguno de prerrogativa de poder público o potestad para dictar actos de "autoridad" conferidas a las universidades privadas. Muy por el contrario, se han previsto para ellas una serie de obligaciones en forma similar a cómo el Legislador lo ha hecho con respecto a otras categorías de organismos privados. Ko pueden, en consecuencia, asimilarse las obligaciones impuestas por el legislador con el concepto de prerrogativas, categorías que más bien resultan antagónicas. "

Sin embargo, las contradicciones se ponen, aún más, en evidencia con una decisión de la Sala de Casación Civil de la Corte Suprema de Justicia del 07-07-94, donde con motivo de dirimir un conflicto de competencia relativo a una acción de amparo constitucional ejercida por unos alumnos de la Universidad José María Vargas contra esa misma institución la Sala de Casación Civil, ignorando los argumentos de la Corte Primera de lo Contencioso Administrativo para declinar su competencia[33], dispuso:

"En consecuencia, se acciona contra las actuaciones de índole administrativa realizadas por una Universidad 'Nacional', a través del llamado Consejo Universitario, como uno de sus órganos en ejercicio de las funciones que tiene atribuidas.

En tal virtud, y según doctrina constante e inveterada de esta Sala sobre los actos administrativos emitidos por entes, como sobre los órganos jurisdiccionales competentes para revisarlos, que cuando se interpongan recursos o acciones contra ellos (sentencia de fecha 29 de octubre de 1992, caso Juan Ramón Alvarez contra la Universidad Santa María; Sent. de fecha 19 de mayo de 1988, bajo la ponencia de la Dra. Josefina Calcaño de Temeltas), *es competente la Corte Primera de lo Contencioso Administrativo para conocer de las acciones contra actos administrativos de las Universidades, sean estas 'privadas o nacionales'* (subrayado de la Sala)

Se observa, entonces como los tribunales de la jurisdicción contencioso-administrativa no han dado una explicación uniforme a las normas de la Ley de Universidades. Si bien no cabe duda que las universidades privadas prestan un servicio público, existe una polémica para determinar si el legislador venezolano atribuyó o no prerrogativas públicas a estas instituciones.

---

33   Estos argumentos fueron los mismos a los utilizados en el caso anteriormente citado *Norma Carrasquel de García.*

De la interpretación de los artículos no parece desprenderse voluntad alguna por parte del legislador para otorgar fuerza pública a las universidades privadas, lo que parece mantenerlas aisladas del Derecho Público. Las universidades adquieren el compromiso de educar a los estudiantes, y estos la obligación de someterse a sus estatutos y reglamentos, de allí, que las reclamaciones por sanciones académicas, selección de personal, actividad reglamentaria, etc. a pesar de ser impuestas por una autoridad deberán ser impugnadas conforme a la normativa del Derecho Civil.[34]

Aunque, hay quienes consideran que por el hecho de que las universidades privadas requieren autorización del Estado para su funcionamiento, se encuentran, en consecuencia, equiparadas en su régimen jurídico a las universidades públicas, sin importar si les han sido atribuidas prerrogativas exorbitantes de poder público. Así lo señala VIVAS ARIZALETA, al afirmar que:

> "...cuando el Ejecutivo Nacional autoriza mediante Decreto, el funcionamiento de una Universidad Privada, esta Universidad independientemente de la figura jurídica de Derecho Privado que la crea es homologada en su tratamiento en cuanto aspectos académicos se refiere con una Universidad Nacional, confiriéndole en consecuencia este Acto Administrativo del Ejecutivo una condición de ente cooperativo igual al que ha venido sosteniendo la Doctrina y la Jurisprudencia Venezolana para las Universidades Nacionales cuando en reiteradas ocasiones las califica como Establecimientos Públicos Corporativos. En efecto, a partir de la fecha del Decreto y una vez cumplida la Protocolización en la Oficina Subalterna de Registro de la copia certificada del título jurídico por el cual se crea la Universidad, de là solicitud al Ministerio de Educación y demás recaudos y la autorización del Ejecutivo Nacional, podrán las Universidades Privadas dictar actos de autoridad".[35]

---

34   Aunque no debe dejar de advertirse que la decisión más reciente, emanada de la Sala de Casación Civil de la Corte Suprema de Justicia —citada supra— retoma la tesis sostenida en la decisión del 19-01-88, caso: *Ramón Escovar León vs. U.C.A.B,* en el cual se considera a las universidades privadas habilitadas por la ley (Ley de Universidades) para dictar actos administrativos.

35   VIVAS ARIZALETA, Adela, "Actos emanados de Corporaciones de Derecho Privado, en *Revista de Derecho Público N.° 34,* abril-junio, 1988, p. 178.

B. *Los partidos políticos*

Con relación a los partidos políticos parece haber mayor consenso en los tribunales de la jurisdicción contencioso-administrativa, de negarles a estas organizaciones la potestad de dictar actos administrativos. Aún cuando pudiera aceptarse que ejercen un servicio público, en virtud de que la misma Carta Magna prescribe que la Ley debe reglamentar "la constitución y actividad de los partidos políticos con el fin de asegurar su carácter democrático y garantizar su igualdad ante la ley" (artículo 114). Y de igual forma, la Ley de Partidos Políticos, Reuniones Públicas y Manifestaciones de 1964 define en su artículo 2.° a los partidos políticos como agrupaciones de carácter permanente cuyos miembros convienen en asociarse para participar, por medios lícitos, en la vida política del país, de acuerdo con programas y estatutos libremente acordados por ellos.

Lo cierto es, que tanto la Corte Primera de lo Contencioso Administrativo como la Sala Político-Administrativa de la Corte Suprema de Justicia consideran que estos organismos no han sido habilitados por ley para ejercer prerrogativas públicas. En este sentido, la Sala Político-Administrativa en una decisión del 11-07-91, caso: *Jorge León vs O.R.A:*, con motivo de un recurso de nulidad ejercido conjuntamente con una acción de amparo constitucional por la expulsión del recurrente de la organización política O.R.A., dispuso que:

> "En cuanto a la interposición de recursos contencioso-administrativos de nulidad contra este tipo de decisiones dictadas por las asociaciones políticas constituidas de conformidad con la Ley de Partidos Políticos, esta Sala hace suyos los argumentos que sirvieron de fundamento al *a-quo* para declarar la inadmisibilidad de las acciones propuestas, es decir, una acción de amparo conjunta con el recurso de nulidad, esto es, considerar que tal acto emanado de la organización O.R.A. no constituye el ejercicio de una potestad pública y la obligación para los miembros de la organización deriva de un sometimiento voluntario a un convenio asociativo. Así lo expresó esta Sala el 29 de noviembre de 1967 (caso: 'Prieto Figueroa contra Acción Democrática')".

Igualmente, en una decisión de la Corte Primera de lo Contencioso Administrativo del 26-08-89[36] se señaló:

---

36   Véase *Revista de Derecho Público N.° 39* julio-septiembre 1989, pp. 149 y ss.

> "Esta Corte debe entonces concluir que los partidos políticos no son personas jurídicas de derecho público, ni puede considerarse que ejercen potestades de poder público, pues el papel que la Constitución les asigna a los efectos de canalizar la participación de los ciudadanos en la orientación política nacional no es susceptible de calificar de prerrogativa lo que simplemente es una función, aunque sí, de gran relevancia para el desarrollo de la vida pública del país".

Por tanto, cualquier divergencia que surja con motivo de una decisión de un partido político que menoscabe los derechos e intereses de un particular podrá ser controlada —según la Ley de Partidos Políticos— por el Consejo Supremo Electoral, entonces, será esta decisión el acto susceptible de impugnación, bien sea por vicios de ilegalidad o inconstitucionalidad, ante la Sala Político-Administrativa de la Corte Suprema de Justicia (artículo 42, ordinal 12 de la Ley Orgánica de la Corte Suprema de Justicia).

Además, las decisiones de los partidos políticos que vulneren derechos o garantías constitucionales podrán ser objeto de una acción autónoma de amparo constitucional, en cuyo caso de resultar afines los derechos denunciados con la materia administrativa conocerá del asunto, en primera y única instancia la Sala Político-Administrativa de la Corte Suprema de Justicia (véase, decisión de la Sala Político-Administrativa del 16-11-89, caso: *Julio Cesar Moreno y otros vs COPEI*)

C. *Las Bolsas de Valores*

Se ha afirmado que las bolsas de valores, en virtud de que desempeñan la función de mantenimiento y supervisión del mercado de los títulos valores, de garantizar el orden y asegurar la transparencia del mercado de capitales venezolano y de las operaciones bursátiles, están encargadas de un servicio público. Estas bolsas de valores son compañías anónimas constituidas por particulares y supervisadas por el Estado a través de la Comisión Nacional de Valores.[37]

En la decisión líder de la Corte Primera de lo Contencioso Administrativo del 24-03-88, caso:. *Marino Recio vs. Comisión Nacional*

---

37   Para un estudio pormenorizado de las Bolsas de Valores y su competencia para dictar actos de autoridad, véase MUCI BORJAS, José Antonio "Las Bolsas de Valores como prestatarias de un servicio público. Competencia para expedir actos administrativos". en el *Libro Homenaje a la Obra Científica y Docente del Profesor José Muci-Abraham*, Editorial Jurídica Venezolana, Caracas, 1994, pp. 201 y ss. En el mismo sentido, PÉREZ GÓMEZ, Augusto J. "Los actos administrativos de origen privado" Op. Cit. pp. 269 y ss.

de Valores se afirmó la función de servicio público prestada por las bolsas de valores en la forma siguiente:

"Tales bolsas de valores, además de garantizar la rápida colocación de valores en el mercado y la unidad y estabilización de precios, permiten la canalización del ahorro privado en instituciones que por virtud de sus necesidades lo solicitan a través de la emisión de títulos, asimismo aseguran la estabilización de la oferta y demanda dineraria y facilitan el proceso de inversión. De lo anterior se deduce que dichas instituciones se crean en función de intereses tanto particulares como generales, desde que permiten conjugar los intereses privados de cada inversionista, con intereses generales vinculados a la economía al determinar las tendencias generales del mercado nacional.

Igualmente, para confirmar la posibilidad de que las bolsas de valores emitan actos administrativos el citado fallo reconoció la presencia de prerrogativas públicas concedidas por la Ley de Mercado de Capitales, textualmente expresó:

"No obstante lo anterior, y a través de un mecanismo concebible tan solo como excepcional, fija la de una modalidad muy particular del ejercicio de la función administrativa, cuando establece que una organización privada, como lo son las bolsas de valores, pueden aplicar las mismas sanciones de suspensión o cancelación del registro del corredor en los casos expresamente determinados en la referida Ley. (omissis)...

No ofrece dudas la normativa señalada (se refiere el artículo 99 de la Ley de Mercado de Capitales) de que en los casos contenidos en las disposiciones citadas se prevé el ejercicio de función administrativa por parte de las bolsas de valores, desde que la misma actividad disciplinaria se haya atribuida —como antes se indicó— en forma general a la Comisión Nacional de Valores, y él se concreta en la suspensión o revocación de un acto administrativo dictado por ese órgano de la Administración Pública Nacional. Ciertamente, no calificar de administrativa la actividad por la cual se suspende o revoca un acto producido como consecuencia del ejercicio de tal actividad, sería un contrasentido", (paréntesis añadido).

En conclusión, parece no haber duda en que la Ley de Mercado de Capitales habilita a las bolsas de valores para que ejerzan potestades públicas, y en consecuencia, se comporten como una autoridad susceptible de dictar actos administrativos. Lo que pudiera plantear alguna controversia es la consideración de la actividad prestada por las bolsas de valores como un servicio público, pero ya hemos visto como la Corte Primera de lo Contencioso Administrativo acepta tal calificación.

De los casos que se han analizado se observa que a pesar que algunos organismos se comporten como verdaderas autoridades y colaboren con el Estado en la prestación de servicios públicos, y por tanto, ejerzan potestades reglamentarias, disciplinarias, organizativas, etc., no pueden considerarse sus actos como administrativos al no cumplir con el requisito de la habilitación legislativa. En consecuencia, para no romper con los principios doctrinarios y jurisprudenciales tradicionales que determinan las condiciones para que particulares dicten actos administrativos será necesario reformar los textos legislativos que regulan alguna de las entidades privadas mencionadas (Ley de Universidades, Ley de Partidos Políticos, Reuniones Públicas y Manifestaciones, etc.), de manera que el Estado conceda su fuerza pública y supervise su gestión, para lograr así un efectivo control de sus actos mediante la aplicación de un régimen jurídico de Derecho Público.

IV

CONSECUENCIA DE LA CALIFICACIÓN DE CIERTOS ACTOS EMANADOS DE PARTICULARES COMO ADMINISTRATIVOS

Ya se ha visto que cuando ciertos particulares en ejecución de un servicio público ejercen prerrogativas públicas que le han sido concedidas por ley, sus actos son administrativos, y en consecuencia, controlables ante la jurisdicción contencioso-administrativa. Corresponde, entonces, determinar ante que órganos específicos de la especial jurisdicción contencioso-administrativa está atribuido el control de estos actos y cuál es el régimen jurídico que les debe ser aplicable.

1. COMPETENCIA

El artículo 206 de la Constitución establece que "la jurisdicción contencioso-administrativa corresponde a la Corte Suprema de Justicia y a los demás tribunales que determine la ley". Ahora bien, esa ley a que hace referencia la indicada norma constitucional aún no ha sido dictada, de allí, que el legislador decidió, al promulgar la Ley Orgánica de la Corte Suprema de Justicia[1], establecer en forma provisional —ya un tanto exagerada— las reglas para determinar la competencia de los tribunales de la jurisdicción administrativa.[2]

Ahora bien, dentro de nuestro sistema contencioso administrativo regulado por la indicada ley, existen diversos tipos de acciones y recursos: el contencioso de anulación, el contencioso contra las conductas omisivas de la Administración, el contencioso de las demandas contra los entes públicos y el de interpretación. Observemos las reglas particulares para la distribución de competencia en cada

---

1   Esta normativa ha sido complementada por el Decreto del Ejecutivo Nacional N.º 2.057 del 08-03-77 y por la Resolución N.º 871 del 09-05-91 del Consejo de la Judicatura.

2   Véase, CALCAÑO DE TEMELTAS, Josefina, "Aspectos generales del régimen legal de la Corte Suprema de Justicia", en la *Ley Orgánica de la Corte Suprema de Justicia*, Editorial Jurídica Venezolana, Caracas, 1991, pp. 119 y ss.

77

uno de los tipos de acciones y recursos, específicamente cuando esté involucrado una persona de Derecho Privado susceptibles de dictar actos de autoridad. Así mismo, se hará referencia al criterio de distribución de competencia en materia de amparo constitucional, cuando el presunto agraviante de normas constitucionales es una persona privada susceptible de emanar actos administrativos.

A. *Contencioso de anulación*

La Corte Primera de lo Contencioso Administrativo ha fundamentado su propia competencia para conocer de los actos administrativos dictados por entes de naturaleza privada en el ordinal 3.º del artículo 185 de la Ley Orgánica de la Corte Suprema de Justicia, que textualmente señala:

> "La Corte Primera de lo Contencioso Administrativo será competente para conocer:
>
> 3.º. De las acciones o recursos de nulidad que puedan intentarse por razones de ilegalidad contra los actos administrativos emanados de autoridades diferentes a las señaladas en los ordinales 9, 10, 11 y 12 del artículo 42 de esta Ley, si su conocimiento no estuviere atribuido a otro Tribunal;"

Así, en la decisión del 18-02-86, caso: *SACVEN* se dispuso:

> "...debemos igualmente establecer a que órgano judicial, dentro de la jurisdicción contencioso-administrativa, le corresponde su conocimiento, y en tal sentido observamos, que por mandato del Ordinal 3.º del artículo 185 de la Ley Orgánica de la Corte Suprema de Justicia le corresponde a esta Corte Primera de lo Contencioso Administrativo, por no estar atribuido su conocimiento a ninguna de las autoridades señaladas en los Ordinales 9.º, 10.º, 11.º y 12.º del Artículo 42 de la citada Ley, En consecuencia, en virtud de la competencia judicial residual atribuida a esta Corte, la misma es competente para conocer del presente recurso, y así expresamente se declara.

Entonces, de conformidad con el artículo transcrito, cuando se impugne un acto emanado de personas distintas a los órganos unipersonales o colegiados del Poder Público (ordinal 9.º del artículo 42, ejusdem), al Consejo Supremo Electoral u otros órganos del

Estado con igual jerarquía al nivel nacional (ordinal 12 del artículo 42, ejusdem), y se fundamente el recurso en motivos de ilegalidad corresponderá conocer en primera y única instancia a la Corte Primera de lo Contencioso Administrativo.

Caso distinto, al estar fundamentado el recurso de anulación contra los actos administrativos de origen privado en motivos de inconstitucionalidad. En efecto, según el primer aparte del artículo 185 en concordancia con el primer aparte del 181 de misma Ley Orgánica que rige las funciones del Alto Tribunal, cuando el fundamento del recurso lo constituyen vicios de violación de una norma de rango constitucional corresponde el conocimiento del asunto al Máximo Tribunal de la jurisdicción contencioso-administrativa. En este sentido se pronunció la Sala Político-Administrativa en la sentencia del 21-03-90, caso: *Criollitos de Venezuela* al señalar:

> "En cuanto a que los organismos que dictaron los actos no forman parte del Poder Ejecutivo Nacional, debe esta Sala advertir que en aplicación de criterios jurisprudenciales, existen actos efectivamente dictados por organismos que no integran la administración pública, pero que investidos de una función asignada en cuerpos normativos con rango de Ley, se les califica como actos de autoridad y de sus impugnaciones conocen los tribunales del contencioso administrativo...Ahora bien, como el artículo 181 de la Ley Orgánica de la Corte Suprema de Justicia establece: *"cuando la acción o recurso se funda en razones de inconstitucionalidad, el Tribunal declinará su competencia en la Corte Suprema de Justicia y esta Sala constata que en el recurso se invocan vicios de inconstitucionalidad de los actos impugnados, esta Sala Político-Administrativa se declara competente para conocer del mismo."* (cursivas añadidas)

Ahora bien, estas disposiciones que regulan la competencia dentro de la jurisdicción contencioso-administrativa no aportan ninguna solución cuando el recurso contencioso de anulación se fundamenta en ambos motivos, es decir, se alegan vicios conjuntamente de inconstitucionalidad e ilegalidad.

A primera vista, la solución para determinar cuál es el órgano encargado del conocimiento del recurso en donde se alegan ambos motivos de impugnación parece fácil: la inconstitucionalidad arrastra la competencia de la ilegalidad, y en consecuencia, debería sustanciar y decidir el asunto la Sala Político-Administrativa, de conformidad con el último aparte del artículo 185 en concordancia con el último aparte del 181 de la Ley Orgánica de la Corte Suprema de Justicia.

Pero esta solución origina algunos inconvenientes, en efecto, al realizarse ese análisis preliminar para la determinación de la competencia, quiérase o no el juez emitiría un pronunciamiento previo sobre el fondo del. recurso, ya que al determinar que las razones de impugnación son de ilegalidad y no de inconstitucionalidad, estaría desechando de plano los argumentos sobre la supuesta violación constitucional, limitando, en consecuencia, al juez competente a examinar solo los argumentos de ilegalidad.

De igual forma, este método para determinar el Tribunal contencioso administrativo competente trae serias implicaciones en el caso de. ejercerse conjuntamente el recurso de anulación con una acción de amparo constitucional, entendida como medida cautelar —el cual requiere, al menos presunción de una violación directa de la Carta Magna para su procedencia—, esto podría hacer incurrir al juez que se pronuncie sobre la violación directa de la Constitución como fundamento del recurso interpuesto en la causal de recusación e inhibición prevista en el ordinal 15, del artículo 82 del Código de Procedimiento Civil.

Es por ello, que resulta conveniente que al fundarse el recurso en motivos de ilegalidad e inconstitucionalidad, corresponda el conocimiento del asunto al tribunal contencioso administrativo competente para conocer de la ilegalidad, ya que este no tiene vedado el control de la constitucionalidad, de conformidad con el artículo 206 de la Ley Fundamental. Aceptar que por el solo hecho de alegar algún vicio de inconstitucionalidad la competencia corresponde a la Sala Político-Administrativa significaría burlar el espíritu de la Ley Orgánica de la Corte Suprema de Justicia de desconcentrar la distribución de competencias.

Resulta acertada la solución expuesta por la Sala Político-Administrativa (Gaceta Forense, Tercera Etapa, año 1984, enero-marzo N.º 123, Volumen I pág. 120) al señalar:

> "Es indiscutible que la violación de esta última lleva implícita la violación indirecta de aquella. Pero en ambos casos la denuncia que se hiciere de violación conjunta a la disposición Constitucional y de la legal *no autoriza otro recurso que el de ilegalidad.*" (Cursivas añadidas)

Por último, se observa que las normas transcritas no hacen distinción alguna en relación con las clases de acto susceptibles de impugnación ante la jurisdicción contencioso-administrativa, de allí, que además de los actos individuales los actos administrativos generales también pueden ser objeto de revisión judicial administrativa. En consecuencia, puede controlarse los Reglamentos dictados por las entidades privadas (arrêt *Barbier* del 15-01-68 dictado por el Consejo de Estado francés) así como otros actos generales (véase la tantas veces citada decisión del 18-02- 86, caso: *SACVEN* donde se recurre una Tarifa aplicable a un número indeterminado de personas, en este mismo sentido, la decisión del 14-06-90, emanada de la Corte Primera de lo Contencioso Administrativo, donde se impugnó los actos de votación y de adjudicación de cargos del proceso electoral para la elección de las autoridades del Colegio de Abogados del Distrito Federal).

B. *Contencioso contra conductas omisivas*

El recurso por abstención o carencia se encuentra regulado en los artículos 42, ordinal 23 y 182, orinal 1.° de la Ley Orgánica de la Corte Suprema de Justicia.

Los artículos citados establecen:

"Artículo 42. — Es competencia de la Corte como más alto Tribunal de la República:

23. Conocer de la abstención o negativa de los funcionarios nacionales a cumplir determinados actos a que estén obligados por las leyes, cuando sea procedente, en conformidad con ellas.

Artículo 182. — Los Tribunales previstos en el artículo anterior, conocerán también, en sus respectivas circunscripciones:

1.° — De la abstención o negativa de las autoridades estadales o municipales a cumplir determinados actos a que estén obligados por las leyes, cuando sea procedente, en conformidad con ellas;"

Este recurso de abstención fue delimitado brillantemente en el fallo del 28 de febrero de 1985 por la Corte Suprema de Justicia en Sala Político Administrativa, en el caso: *Eusebio Igor Vizcaya Paz vs. la Universidad del Zulia*, donde se establecen sus condiciones de procedencia, naturaleza y el alcance.

"La Sala, en la mencionada sentencia, estableció que la omisión o abstención para que proceda este medio procesal es la ocurrida ante una obligación específica y concreta que le impone la ley a la

Administración, quedando, por tanto, excluidas del control de esta acción las omisiones de la Administración ante obligaciones genéricas o inconcretas, que son aquellas obligaciones que tienen los funcionarios de actuar en el ejercicio de las atribuciones correspondientes a su cargo, donde se les permite cierto margen de discrecionalidad."[3]

En cuanto a los efectos de esta acción podría el juez sustituirse directamente en la Administración realizando la actuación incumplida o bien, podría exonerar al particular del cumplimiento de esta, una vez que se ha realizado el análisis de la situación concreta.

Entonces, cuando la omisión específica de una organización privada capaz de dictar actos administrativos proviene de una autoridad nacional (v.g. Federación Venezolana de Tiro) la competencia para conocer de la acción corresponderá, de conformidad con el ordinal 23 del artículo 42 de la Ley Orgánica de la Corte Suprema de Justicia, a la Sala Político-Administrativa. A su vez, si la omisión específica proviene de una autoridad estadal o municipal (v.g. Colegio de Abogados del Distrito Federal, Bolsa de Valores de Caracas) conocen de la acción los Tribunales Superiores con competencia contencioso-administrativa (ordinal 1.º del artículo 182, ejusdem)

C. *Contencioso de las demandas contra los entes públicos*

El contencioso de las demandas está fundado en pretensiones de condena por responsabilidad de la Administración, bien sea por daños contractuales o extracontractuales, y la finalidad es condenar a los entes públicos al pago de sumas de dinero, daños y perjuicios o al restablecimiento de la situación jurídica infringida.

Ahora bien, de las disposiciones que regulan la competencia de las demandas contra los entes públicos, se observa que esta acción parece estar dirigida únicamente contra la República, algún Instituto Autónomo o empresas con participación decisiva del Estado. Al respecto, apunta IRIBARREN que:

"la responsabilidad que puede corresponder a las personas morales de derecho público — territoriales e institucionales — por los daños causados a los particulares *por el hecho de los funcionarios públicos que orgánicamente formen parte de aquellas* en el ejercicio de un servicio público, no puede regirse

---

3   Véase, CANOVA GONZÁLEZ, Antonio, en "Análisis Crítico del Amparo Constitucional en los Tribunales de la jurisdicción contencioso-administrativa", en *Revista de la Fundación Procuraduría General de la República N.º 10* p.93 y ss.

únicamente por los principios establecidos en el Código Civil para las relaciones de particular a particular..."[4]

De allí, que cuando un ente de derecho privado, en uso de prerrogativas públicas y en ejecución de un servicio público, cause daños a los particulares los Tribunales competentes para conocer de las demandas que se interpongan contra ellos serán los de la jurisdicción ordinaria y les será aplicable el régimen jurídico de derecho común.

Por último, hay que señalar que existe la alternativa de acumular la pretensión de indemnización a la de anulación del acto administrativo considerado como contrario a la ley, así se desprende de la interpretación del artículo 131 de la Ley Orgánica de la Corte Suprema de Justicia. Al respecto, ha afirmado la Sala Político-Administrativa en la decisión del 14-08-91, recaída en el caso *Armando F. Melo S:*, lo siguiente:

> "En el caso de autos, conforme a lo previsto en el artículo 131 de la Ley Orgánica de la Corte Suprema de Justicia resulta admisible la acumulación hecha de una acción de condena con una acción de nulidad, lo cual tiene su fundamento en los artículos 206 y 47 de la Constitución. *En el presente caso tal acción acumulada consiste en una pretensión indemnizatoria de pago de daños y perjuicios causados por el acto que fue anulado por esta Sala, por resultar procedentes los vicios de ilegalidad denunciados en su contra. Por tanto, resulta procedente la responsabilidad extracontractual de la Administración, conforme a las normas señaladas, en concordancia con el artículo 1.185 del Código Civil,* al estar determinados el autor del daño y su causa, así como que los daños están representados por las remuneraciones que el recurrente dejó de percibir... " (cursivas añadidas).

En este sentido, podría plantearse la posibilidad de que al impugnarse un acto administrativo de origen privado se acumulara una pretensión de condena en contra de la entidad sometida a un régimen de Derecho Civil. En este caso, parece lógico aceptar dicha acumulación, aún cuando no conocemos ninguna decisión que respalde esta afirmación.

---

4   IRIBARREN MONTEVERDE, Henrique, "La responsabilidad administrativa extracontractual", en *Revista de la Facultad de Derecho de la Universidad Católica Andrés Bello,* N.° 44, 1992, p.168.

D. *Contencioso de interpretación*

Según los artículos 42, ordinal 24.°, y 43 de la Ley Orgánica de la Corte Suprema de Justicia es competencia exclusiva de la Sala Político-Administrativa: "Conocer del recurso de interpretación y resolver las consultas que se le formulen acerca del alcance e inteligencia de los textos legales, en los casos previstos en la Ley".

Según reiterada jurisprudencia (decisiones del: 06-12-90, 15-03-90, 26-10-89 y 17-04-86) es necesario una previsión específica de otro texto legal para que proceda el recurso de interpretación previsto en el artículo 42, ordinal 24.° de la Ley Orgánica de la Corte Suprema de Justicia. Igualmente, el recurso debe dirigirse en forma exclusiva a "esclarecer las dudas que suscite el texto legal específico, y no otro cualquiera; texto legal que, a través del recurso, autoriza —él mismo y solo él— tal interpretación, poniéndola, además, también, con efectos de cosa juzgada formal, a cargo de un órgano del Poder Judicial."[5]

Por tanto, si una Ley que regule el funcionamiento de una entidad privada (v.g. una Ley del ejercicio de una determinada profesión) señalara, expresamente, la posibilidad de esclarecer cualquier duda en la interpretación de su normativa, será competente para conocer del asunto la Sala Político-Administrativa.

E. *Competencia para conocer de las acciones de amparo constitucional*

Resulta relevante señalar cuales son los criterios que determinan la competencia en materia de amparo constitucional, debido a la proliferación de esta acción en el ámbito de los tribunales contencioso-administrativos. Además, por esta vía del amparo constitucional se han conocido varios casos que desarrollaron la teoría de los actos de autoridad (v.g. sentencias de la Corte Primera de lo Contencioso Administrativo del 13-02-86 y del 16-12-87, casos: *Federación Venezolana de Tiro* y *Criollitos de Venezuela*, respectivamente.), aún cuando no le correspondía el conocimiento del asunto, según los principios señalados, para ese entonces, por la jurisprudencia de la Sala Político-Administrativa, en especial en la decisión del 20 de octubre de 1983 dictada sobre la acción interpuesta por Andrés Velásquez contra el Consejo Supremo Electoral, principios recogidos por la vigente Ley Orgánica de Amparo sobre Derechos y Garantías Constitucionales. A continuación se analizará los criterios para determinar la competencia del amparo constitucional, dependiendo, si es ejercido en forma autónoma o conjuntamente con un recurso de anulación.

---

5 Decisión del 06-12-90, caso: *Petróleos de Venezuela S.A.*

A. *Competencia en el amparo autónomo*

La competencia para conocer de la acción de amparo autónoma viene regulada por la Ley Orgánica de Amparo sobre Derechos y Garantías Constitucionales según dos criterios diferentes: uno material, que constituye el principio de competencia rector, y otro personal.

Así, el primero está consagrado en el artículo 7 ejusdem el cual, utilizando la afinidad entre la materia natural del Juez y los derechos o garantías denunciados lesionados como el elemento definidor para dilucidar la competencia en materia de amparo constitucional, se la atribuye a los tribunales que conozcan en primera instancia. Puede presumirse, por tanto, que lo pretendido mediante este criterio es que el juez competente para conocer del amparo sea el que se encuentre mayormente *familiarizado o especializado con el contenido de los derechos violados* alcanzándose así, una mayor efectividad de la institución.

En cuanto al segundo criterio se observa, que este viene dado, precisamente, por la jerarquía de la autoridad u órgano contra quien es formulada la acción de amparo autónoma, atribuyéndosele la competencia —en esos casos— a esta Corte Suprema de Justicia en la Sala de competencia afín con los derechos conculcados —se repite el criterio material—; este criterio personal está consagrado específicamente en el artículo 8 de la ley que regula el amparo constitucional.[6]

De allí, que al ejercerse la acción de amparo constitucional —en forma autónoma— contra un particular o contra los órganos del Poder Público habrá que atender a la naturaleza de los derechos o garantías constitucionales denunciados para determinar el tribunal de primera instancia competente afín con estos derechos o garantías. Si resultaren afines con la materia administrativa se determinará, según las reglas de distribución de competencias estipuladas en la Ley Orgánica de la Corte Suprema de Justicia, que tribunal le corresponde conocer en primera instancia de las acciones o recursos ordinarios contra los actos, hechos u omisiones que deriven de las autoridades con potestades administrativas.[7]

Sin embargo, con frecuencia se observa que la Corte Primera de *lo* Contencioso Administrativa asume el conocimiento de acciones de amparo constitucional autónomas por el solo hecho de que la presunta violación de normas constitucionales provenga de entidades

---

6   Véase, CANOVA GONZÁLEZ, Antonio, en "Análisis Crítico del Amparo Constitucional en los Tribunales de la jurisdicción contencioso-administrativa", Op. Cit. pp.33 y ss.

7   Sobre la distribución de competencias en materia de amparo constitucional en los tribunales contencioso-administrativos, consúltese la decisión de la Sala Político-Administrativa del 16-11-89, recaída en el *caso: Partido Social Cristiano COPEI.*

privadas susceptibles de dictar actos administrativos, sin analizar la naturaleza de los derechos o garantías constitucionales vulnerados, es decir, asume un criterio orgánico, contrariando así, las disposiciones de la Ley Orgánica de Amparo.

b. *Competencia del amparo autónomo contra conductas omisivas de autoridades*

Al utilizarse la vía del amparo constitucional contra abstenciones u omisiones resulta necesario, para poder determinar la competencia, diferenciar el tipo de obligación frente a la cual el indicado organismo incurrió en abstención, ya que, según reiterada jurisprudencia de la Sala Político-Administrativa en esta materia, si la denunciada omisión deriva del incumplimiento de una norma imperativa o taxativa, vinculante por tanto para el presunto agraviante, entonces —de conformidad con el artículo 42, ordinal 29, de la Ley Orgánica de la Corte Suprema de Justicia y a los principios sentados en decisiones del 11-7-91 y 06-05-93 (en los casos: *José Emisaél Duran Díaz y Lizarazo A riza),* la obligación incumplida sería por tanto específica, y competente el Alto Tribunal en Sala Político-Administrativa para conocer del caso concreto.

En cambio, si la omisión señalada —que se pretende enmendar por la vía del amparo— es en consecuencia de la obligación constitucional genérica de los funcionarios o autoridades públicas de tramitar y dar respuesta oportuna a cualquier solicitud o petición de los particulares, contemplada en el artículo 67 de la Carta Magna, la competencia estaría atribuida en ese caso al tribunal contencioso administrativo que de ordinario conoce en primera instancia de las acciones o recursos contra el supuesto órgano agraviante, ya que esta omisión no es de las contempladas en el mencionado artículo 42, ordinal 23, de la Ley Orgánica que rige las funciones del Alto Tribunal. (véase, decisión de la Sala Político-Administrativa del 05-08-93, caso: *"Miguel Asdrúbal Pérez Salinas"*)

c. *Competencia en el caso de ejercerse el amparo constitucional conjuntamente con un recurso de anulación*

De conformidad con el segundo párrafo del artículo 5 de la Ley Orgánica de Amparo sobre Derechos y Garantías Constitucionales, al ejercerse conjuntamente el amparo constitucional con un recurso contencioso administrativo competente resulta ser el tribunal contencioso administrativo que conozca del recurso, por constituir este, precisamente, el juicio principal (véase, entre otras, sentencia de esta Sala del 04-07-89, caso: *Macario González*).

En el caso particular de impugnarse un acto administrativo emanado de un particular en los términos ya expuestos, corresponderá el conocimiento del asunto a la Corte Primera de lo Contencioso Administrativo, en caso de alegarse vicios de ilegalidad o en caso de fundarse el recurso en vicios de ilegalidad e inconstitucionalidad como se señaló anteriormente, o a la Sala Político-Administrativa en el caso de que el motivo del recurso se fundamente en vicios exclusivamente de inconstitucionalidad.

2. *Régimen jurídico*

El hecho de calificar de administrativo a determinados actos dictados por entes privados trae diversas consecuencias. Las fundamentales son: la existencia de una jurisdicción especial contencioso-administrativa separada de los Tribunales ordinarios y la aplicación de un régimen jurídico-administrativo, que constituye un derecho especial y autónomo, distinto del derecho común.

En efecto, cuando el Estado interviene a través de sus órganos o, incluso, a través de ciertos particulares habilitados por el legislador para satisfacer el interés colectivo, se ve en la necesidad de actuar como autoridad jurídica que en definitiva se concreta en los privilegios exorbitantes de la ejecutividad y ejecutoriedad de sus actos al estar ésos, investidos de la presunción —*iuris tamtum*— de legalidad.

Pues bien, el régimen jurídico aplicable no puede ser otro que el administrativo, debido a que el Derecho Privado, en principio, se fundamenta en el equilibrio e igualdad de las partes. Mientras que, el Estado o sus colaboradores, tiene la potestad de imponer su voluntad unilateralmente.

Y no puede ser de otra forma, pues cuando el Estado decide otorgar prerrogativas públicas a un determinado particular que desarrolle una actividad de servicio público, quiere decir que le otorga fuerza pública para que colabore con él en la toma de decisiones que exige la vida cotidiana.

De esta forma, y para salvaguardar el interés del servicio público quedan revestidos estos particulares del poder de imponer unilateralmente, sin necesidad de previo pronunciamiento judicial, obligaciones a la comunidad. Ahora bien, esto no significa que la actuación de estos entes privados quede relevada del control de la legalidad, por el contrario, estarán regidos por un derecho más garante del respeto de los principios esenciales del ciudadano, esto es, por el Derecho Administrativo o el Derecho del Gobierno.

Concretamente, en el caso de estas personas privadas que ejecutan un servicio público con prerrogativas públicas legalmente otorgadas, estas se encuentran "fuera del Estado", por tanto, y en principio, su régimen jurídico no es el Derecho Administrativo, sino su propio derecho convencional o estatutario. Por tanto, el Derecho Público solo podrá intervenir supletoriamente para llenar las lagunas del ordenamiento privado.

Esto trae como consecuencia que el régimen jurídico-administrativo regulará solo las actividades o tareas que estas instituciones privadas realicen *como delegatarios del Estado en la prestación del servicio público*. De allí, que en lo relativo al régimen de sus bienes, de su personal, de contratación, de responsabilidad, de créditos y deudas, etc., se apliquen las normas de Derecho Privado.

Es así, como la Ley Orgánica de Procedimientos Administrativos le será aplicable a estos entes privados con carácter supletorio —salvo remisión directa de ley— en las actividades que desarrollen sus potestades delegadas (v.g. procedimiento constitutivo de sus actos, agotamiento de la vía administrativa, procedimientos recursorios, formas de ejecución de sus actos, etc.). Así lo ha reconocido la Corte Primera de lo Contencioso Administrativo, en la decisión del 13-02-86, caso: *Federación Venezolana de Tiro*, en la forma siguiente:

"Es verdad, que la normas legales citadas (se refiere a los artículos 2.° y 3.° de la Ley Orgánica de Procedimientos Administrativos) se refieren a órganos de la Administración Pública Nacional de la cual ciertamente el Consejo de Honor no forma parte, dada su naturaleza de ente de derecho privado, pero que *frente a la ausencia de una regulación específica para los casos de solicitudes o recursos dirigidos a entes particulares, que ejercen actos de autoridad por una delegación de la Ley; resultan también aplicables por analogía* ", (paréntesis y subrayados añadidos)

En este sentido, señala MODERNE al referirse al régimen jurídico aplicable a los actos administrativos de personas privadas que:

"Una vez que los actos adoptados por las personas privadas son calificados de actos administrativos quedan sometidos, por esta razón, al control jurisdiccional del juez administrativo, el cual les aplicará las reglas elaboradas para las decisiones administrativas típicas. El instrumento privilegiado para el control de los mismos no es otro que el recurso por exceso de poder, al que también habría que añadir las distintas modalidades de control puestas en práctica por el juez de la jurisdicción ordinaria, en lo que se refiere al reparto de competencias jurisdiccionales... (omissis)

De aquí se deriva el que la producción de un acto administrativo por una persona de derecho privado deba llevarse a cabo, en ausencia de textos legales, de acuerdo con las reglas de forma y competencia normalmente empleadas por la jurisprudencia. La modificación, anulación y revocación de estos actos no está sometida a principios específicos. Puede admitirse que estos actos son ejecutorios que disfrutan del privilegio 'du préalable' (es decir, que son ejecutables ante de imponer cualquier recurso en vía jurisdiccional) y, eventualmente, del privilegio de la ejecución forzosa. No obstante, la jurisprudencia ofrece poco ejemplos susceptibles de apoyar estas afirmaciones".[8]

La aplicación de este régimen supletorio de Derecho Administrativo, significa, en primer lugar, que estos actos de origen privado van a adquirir la presunción de legitimidad, veracidad y legalidad que acompaña a todos los actos administrativos, lo que quiere decir como afirma BREWER-CARIAS que "sus efectos se cumplen de inmediato, no suspendiéndose por el hecho de que contra los mismos se intenten recursos administrativos o jurisdiccionales de nulidad".[9]

Pero, además, resultan aplicables a este tipo de decisiones ejecutorias una serie de principios naturales en el procedimiento administrativo común. Entre estos principios podemos mencionar los siguientes:

A. *Principio de motivación de los actos administrativos*

El cual consiste en la necesidad de una sucinta referencia de los hechos y fundamentos de derecho en la decisión administrativa, es decir, en la obligación impuesta al ente autor del acto de expresar, formalmente, los motivos que provocaron la actuación administrativa.

Esta exigencia recogida en los artículos 9.° y 18, ordinal 5.° de la Ley Orgánica de Procedimientos Administrativos constituye una garantía del derecho a la defensa de los administrados, quienes tienen el derecho de conocer con claridad las causas que originaron la manifestación de voluntad de un determinado órgano que actúe en función administrativa, evitándose, igualmente, que se desvíe la intención del legislador (interés general) que condiciona la voluntad del ente que ejecuta una determinada norma.

---

8   MODERNE, Frank, "Decadencia del punto de vista orgánico en la definición del acto administrativo en derecho francés: los actos administrativos de origen privado" Op. Cit. pág. 11.

9   BREWER-CARIAS, Allan R., *Principios del Procedimiento Administrativo*, Civitas, Madrid, 1990, pp. 125.

B. *Principio de la irretroactividad*

Este principio viene a desarrollar el derecho constitucional de irretroactividad de las normas y demás actos del Poder Público contenido en el artículo 44 de la Constitución, y consiste en que los actos administrativos solo pueden producir efectos hacia el futuro, siendo en consecuencia ilegal e inconstitucional, la aplicación de un acto administrativo hacia el pasado.

Sin embargo, como bien lo señala BREWER-CARIAS este principio tiene sus excepciones, y por ello podrán dictarse actos administrativos con efectos hacía el pasado cuando beneficie a los interesados — siempre que no se perjudique derechos de terceros—; igualmente, se permite también la retroacdvidad de los actos cuando se dicten en sustitución de otro acto que ha sido previamente anulado.[10]

C. *Principio de publicidad y de unidad del expediente*

La Ley Orgánica de Procedimientos Administrativos vino a combatir —o más bien a sustituir— el viejo principio del secreto administrativo, el cual se consagraba en la Ley Orgánica de la Administración Central[11], y mediante el cual muchas veces se ocultaba la Administración para desviar el interés general o evitaba el acceso a documentos que impedían un efectivo control de la actividad administrativa.

En efecto, la Ley Orgánica de Procedimientos Administrativos establece —ahora como principio general— que los interesados y sus representantes tienen el derecho de examinar en cualquier estado o grado del procedimiento el expediente administrativo, y de leer y copiar cualquier documento contenido en el mismo, así como pedir certificación de cualquier documento. Y solo como excepción se establece, y mediante decisión motivada del superior, la posibilidad de declarar como confidencial ciertos documentos, los cuales se mantendrán en cuerpos separados del expediente (artículo 59).

Además del libre acceso al expediente administrativo, la ley que regula el procedimiento administrativo garantiza la unidad y uniformidad de los mismos, aún cuando en el procedimiento deban intervenir distintas oficinas de los órganos del Poder Público (artículos 31 y 32 de la Ley Orgánica de Procedimientos Administrativos).

---

10   Véase BREWER-CARIAS en el trabajo citado en la nota anterior.

11   Artículo 54.— Los Archivos de la Administración Pública Nacional son por su naturaleza reservados para el servicio oficial.

Para la consulta de los mismos por otros funcionarios o particulares, deberá recaer autorización especial y concreta del órgano superior respectivo.

Pues bien, este principio de publicidad debe regir la actividad de los entes privados que presten un servicio público y estén investidos de prerrogativas frente al resto de los particulares, es por ello que deberán garantizar la posibilidad de que el administrado acceda al expediente que contenga la totalidad de los recaudos, con la intención de lograr un conocimiento pleno de las circunstancia de hecho y de derecho que motivaron el acto calificado como administrativo.

D. *Principio de imparcialidad*

Uno de los principios fundamentales que debe regir toda la actividad administrativa es el derecho a la imparcialidad de los funcionarios que pueden dictar actos administrativos que lesionen intereses particulares (artículo 30), Este principio —como lo afirma ARAUJO— no solo beneficia a los administrados "sino a la Administración misma, quien se perjudica cuando sus órganos deciden en función de consideraciones extrañas al interés general".[12]

Y para garantizar este principio de imparcialidad o de independencia la Ley Orgánica de Procedimientos Administrativos consagra la figura de la inhibición, mecanismo a través del cual se obliga a los funcionarios administrativos separarse del conocimiento de los asuntos donde tengan algún tipo de interés particular. Debe igualmente observarse, que aún cuando la propia exposición de motivos de la Ley Orgánica de Procedimientos Administrativos excluye la posibilidad de la recusación, el artículo 39 *ejusdem* establece la posibilidad de que el superior jerárquico de la entidad administrativa, de oficio o a instancia de los interesados, puede ordenar la inhibición cuando observe que un funcionario bajo su dependencia está incurso en las causales señaladas en el artículo 36, *ejusdem*.

De esta forma, los sujetos que colaboran con la Administración en la prestación de un servicio público y con posibilidad de imponer decisiones unilateralmente deben obedecer este principio de imparcialidad de la actuación administrativa, de modo de evitar beneficiar ilegítimamente a un particular en perjuicio de otro.[13]

---

12 ARAUJO JUAREZ, José, *Principios generales del Derecho Administrativo formal*, Vedell, Caracas, 1989.

13 Supongamos —a manera de ejemplo— un Presidente de una Federación Deportiva que tenga un familiar cercano practicando la actividad deportiva que él supervisa, y pretenda intervenir en un procedimiento sancionatorio contra ese familiar o contra un rival de competencia.

E. *Principio de acceso al expediente y del derecho a ser oído*

Este principio elemental de toda actuación administrativa, contenido en el artículo 68 de la Constitución, significa la obligatoriedad para el funcionario sustanciador de un procedimiento administrativo de dar previa audiencia a los posibles interesados para que manifiesten sus razones de hecho y de derecho, y en consecuencia la decisión definitiva recoja todas las argumentaciones del caso.

En efecto, el artículo 68 de la Constitución establece que la defensa es un derecho inviolable en todo estado y grado del proceso, lo que ha sido interpretado por jurisprudencia reiterada de nuestro más Alto Tribunal en su forma más amplia, al extender el debido derecho a ser oído, presentar alegatos, refutar las argumentaciones contrarias, promover y evacuar las pruebas pertinentes "tanto en el procedimiento, constitutivo del acto administrativo como a los recursos internos consagrados por la Ley para depurar aquel" (véase, sentencia de la Sala Político-Administrativa de la Corte Suprema de Justicia del 08-05-91, caso: *Ganadería El Cantón*).

De allí, que la Administración o los entes con posibilidad de dictar actos administrativos están en la obligación de comunicar a los interesados la apertura de un procedimiento administrativo —más aún cuando es de tipo sancionatorio— para que previamente a la emisión del acto definitivo, las partes puedan tener acceso al expediente. Así lo ha establecido la Sala Político-Administrativa, entre tantas decisiones, la del 17-11-83, al señalar lo siguiente:

> "El derecho a la defensa debe ser considerado no solo como la oportunidad para el ciudadano encausado o presunto infractor de hacer oír sus alegatos, sino como el derecho de exigir del Estado el cumplimiento previo a la imposición de toda sanción, de un conjunto de actos o procedimientos destinados a permitirle conocer con precisión los hechos que se imputan, las disposiciones legales aplicables a los mismos, hacer oportunamente alegatos en su descargo y promover y evacuar pruebas que obren en su favor. Esta perspectiva del derecho de defensa es equiparable a lo que en otros Estados ha sido llamado como el principio al debido proceso".

F. *Principio de agotamiento de la vía administrativa*

Igualmente, le resultará aplicable a los entes con potestad de dictar *actos de autoridad* la prerrogativa de permitirle revisar el acto calificado como administrativo antes de acudir a la jurisdicción contencioso-administrativa.[14] De esta forma, le serán aplicables supletoriamente a estos entes las disposiciones contenidas en la Ley de Procedimientos Administrativos relativas a los recursos administrativos (artículos 85 y siguientes), por tanto, una vez producida una decisión administrativa, esta deberá ser controlada y revisada —en principio— por la máxima autoridad del ente de que se trate.

G. *Principio de continuidad del servicio público*

Por último, es necesario señalar el privilegio que concede la Ley Orgánica de la Procuraduría General de la República a los particulares que presten un servicio público, en virtud del principio de la continuidad del servicio. Así el artículo 46 del texto indicado dispone;

> "Los bienes, las rentas, derechos o acciones pertenecientes a la República, no están sujetos a embargos, secuestros, hipotecas ejecuciones interdictales, ni en general a ninguna medida de ejecución preventiva o definitiva. Los jueces que conozcan de ejecuciones de sentencias contra la República, suspenderán en tal estado los juicios, y notificarán al Ejecutivo Nacional, por órgano del Procurador General de la República, para que fije, por quien corresponda, los términos en que haya de cumplirse lo sentenciado.
>
> Cuando se decrete alguno de los actos arriba indicados sobre bienes de otras entidades públicas o de particulares, que están afectados a un uso público, a un servicio público, o a una actividad de utilidad pública nacional, antes de su ejecución el Juez notificará al Ejecutivo Nacional, por órgano del Procurador General de la República, a fin de que se tomen las medidas necesarias para que no se interrumpa la actividad a la que esté afectado el bien. Vencidos sesenta (60) días a contar de la fecha de notificación, sin que el Ejecutivo Nacional se haya pronunciado sobre el acto, el Juez podrá proceder a su ejecución", (cursivas añadidas).

De esta forma, ha querido el legislador alterar el régimen común al que se encuentran sometidos los particulares, con la finalidad de proteger los bienes de propiedad privada afectados a la prestación de

---

14   De hecho el numeral 2.º del artículo 124 de la Ley Orgánica de la Corte Suprema de Justicia establece como causal de inadmisibilidad el no agotamiento de la vía administrativa.

un servicio público e incentivar la colaboración de los administrados en la prestación de los servicios esenciales del Estado.[15]

---

15 Debe señalarse que actualmente cursa ante la Sala Plena de la Corte Suprema de Justicia una acción de inconstitucionalidad contra este artículo y contra el artículo 16 de la Ley Orgánica de la Hacienda Pública Nacional, la cual se encuentra en la etapa de decisión.

V

CONCLUSIONES

1. — El hecho de aceptar que determinadas personas ajenas al Estado puedan dictar actos administrativos trae como consecuencia el abandono de criterios unívocos para la definición del acto administrativo que lo hacen depender del órgano que lo origina.

2. — Bajo la concepción netamente orgánica del acto administrativo algunos autores han tratado de incluir la teoría de los actos administrativos de origen privado. En efecto, consideran que cuando una persona privada dicta un acto administrativo se transforma en una persona de derecho público paraestatal. Pero resulta un contrasentido determinar la naturaleza —pública o privada— de ciertos organismos por la actividad —administrativa o no— que desempeñen, de allí, que parece insuficiente el criterio orgánico para definir el acto administrativo a la luz de la doctrina de los actos de autoridad.

3. — La concepción formal para definir el acto administrativo ha venido adquiriendo una particular relevancia, así lo han resaltado recientes decisiones de nuestro Máximo Tribunal (casos: *Carlos Andrés Pérez* del 14-09-93 y Acuerdo de Corte en Pleno del 25-01-94). Por tanto, el acto administrativo deberá ser siempre de rango sublegal.

4. — A pesar de que nuestra legislación parece haberse conformado con el criterio orgánico para definir los actos administrativos, nuestra jurisprudencia, desde los años sesenta ha venido inclinándose hacía una concepción funcional o material del acto administrativo. De allí, que no todo acto que emane de la Administración es administrativo, será necesario que se realice en ejecución de una norma de Derecho Público.

5. — A raíz de la sentencia del 05-06-86, recaída en el caso: *Fetraeducación* la Sala Político-Administrativa precisó que debía entenderse por normas de Derecho Administrativo, señalando —siguiendo a GARRIDO FALLA— que es necesario que el Estado intervenga en la relación jurídica, de que se trate y haga de la norma jurídica

una norma obligatoria; y además debe aparecer el Estado actuando a través de sus órganos. Pero como bien lo señala WEIL y FARIAS MATA, el problema para determinar la definición de acto administrativo ahora se agudiza, porque: ¿cómo sabremos cuando nos encontramos —con precisión— ante una norma de Derecho Administrativo?

6. — Con relación al criterio mixto sostenido por BREWER-CARIAS, se observa que no admite la posibilidad de que los particulares emitan actos administrativos, además, la enunciación de las actividades del Estado sometidas al control de la jurisdicción contencioso-administrativa parece innecesaria si se toma en cuenta, que en definitiva, todas esas actividades son en ejecución de normas de Derecho Público.

7. — Del análisis de las diversas nociones del acto administrativo se pretende concebir como acto administrativo aquella *declaración unilateral de voluntad, de rango sublegal, que crea e impone consecuencias jurídicas a un sujeto o sujetos, emanada de los órganos del Poder Público e incluso de particulares, en ejecución de normas de Derecho Administrativo.*

8. — El nacimiento de la tesis que permite que organizaciones privadas dicten actos administrativos la ubicamos en Francia a finales de los años treinta, debido a las diversas actividades en que el Estado tuvo que intervenir como consecuencia de la segunda guerra mundial. La sentencia del Consejo de Estado francés del 31-07-42, caso: *Monpeurt* es conocida como el comienzo de la teoría de los actos administrativos de origen privado.

9. — En Venezuela, no fue sino hasta el 13 de febrero de 1986 cuando la Corte Primera de lo Contencioso Administrativo, en el caso: *Federación Venezolana de Tiro*, reconoció que a personas privadas se les podía aplicar un régimen de Derecho Administrativo cuando dicten "actos de autoridad". Posteriormente, han sido varias decisiones las que han confirmado la doctrina de los actos administrativos de origen privado, entre otras: *Sociedad de Autores y Compositores de Venezuela (SACVEN)* del 18-02-86, *María Josefina Bustamante* del 24-11-86, *Criollitos de Venezuela* del *Ramón Escovar León* del 19-01-88, *Marino Recio* del 24-03-88.

10. — Ahora bien, para que los actos de estas personas de derecho privado se sometan a la jurisdicción contencioso-administrativa será necesario que se encuentren prestando un servicio público y hayan sido habilitadas por el legislador con prerrogativas de poder público.

11. — Los órganos de la jurisdicción contencioso-administrativa encargados del conocimiento de los recursos de anulación en

contra de los actos de origen privado son: La Corte Primera de lo Contencioso Administrativo cuando el recurso se funde en motivos de ilegalidad o ilegalidad e inconstitucionalidad; y la Sala Político-Administrativa de la Corte Suprema de Justicia cuando los vicios denunciados sean de inconstitucionalidad.

12. — El régimen jurídico aplicable a estas organizaciones privadas con posibilidad de dictar actos administrativos será, de Derecho Público cuando ejerzan las prerrogativas públicas que le han sido delegadas al ejecutar un servicio público, y será privado o estatutario para el resto de sus actividades. De igual forma, serán aplicables a este tipo de actos administrativos, los principios procedimentales establecidos en la Ley Orgánica de Procedimientos Administrativos.

BIBLIOGRAFÍA

— Alfonso Paridisi, Juan D. "Los Actos de Gobierno", en la *Revista de Derecho Público N.º 52* octubre-diciembre 1992.

— Allesi, Renato, *Instituciones de Derecho Administrativo*, Tomo I, Editorial Bosch, Barcelona, 1970.

— Araujo Juarez, José, *Principios generales del Derecho Administrativo formal*, Vedell, Caracas, 1989.

— Borja Ávila, Ramiro, *Código Contencioso Administrativo Comentado*, Temis, Santa Fe de Bogotá, 1992.

— Brewer-Carias, Allan, "El Problema de la definición del acto administrativo", en el *Libro Homenaje al Doctor Eloy Lares Martínez*, U.C.V., Caracas, 1984.

— Brewer-Carias, Allan, *El Derecho Administrativo y la Ley Orgánica de Procedimientos Administrativos*, Editorial Jurídica Venezolana, Caracas, 1990.

— Brewer-Carias, Allan, *Las Instituciones Fundamentales del Derecho Administrativo y la Jurisprudencia Venezolana* Volumen IV, U.C.V., Caracas, 1964.

— Brewer-Carias, Allan R, *Principios del régimen jurídico de la organización administrativa venezolana*, Editorial Jurídica Venezolana, Caracas, 1991.

— Brewer-Carias, Allan, *Nuevas Tendencias en el Contencioso Administrativo en Venezuela*, Editorial Jurídica Venezolana, Caracas, 1993.

— Brewer-Carias, Allan R. *El amparo a los derechos y garantías constitucionales (una aproximación comparada)*, Editorial Jurídica Venezolana, Caracas, 1993.

— Brewer-Carias, Allan R. *Principios del Procedimiento Administrativo*, Civitas, Madrid, 1990.

— Calcaño De Temeltas, Josefina, "Aspectos generales del régimen legal de la Corte Suprema de Justicia", en la *Ley Orgánica de la Corte Suprema de Justicia*, Editorial Jurídica Venezolana, Caracas, 1991, pp.119 y ss.

— Canova González, Antonio, en "Análisis Crítico del Amparo Constitucional en los Tribunales de la jurisdicción contencioso-administrativa", en *Revista de la Fundación Procuraduría General de la República N.º 10.*

— Escarra Malavé, Carlos M., *La responsabilidad patrimonial de la Administración Pública por el hecho ilícito. Procedimiento para su exigibilidad.* Ediciones Amón C.A., Caracas, 1989.

— Escovar Salom, Ramón, en la solicitud de nulidad de los actos administrativos dictados por la Corte Suprema de Justicia referentes a la licencia —y reincorporación— concedida y permitida al Dr. Jesús Moreno Guacarán, publicada en la *Revista de la Fundación de la Procuraduría General de la República, año 7 / número 6,* Caracas, 1992.

— Farias Mata, Luis H., "El acto Administrativo, materia del recurso contencioso de anulación", en *Tendencias de la Jurisprudencia Venezolana en materia Contencioso Administrativa.* Trabajos de las Octavas Jornadas "Dr. J.M. Domínguez Escovar". Tipografía Pregón, Caracas, Enero 1.983.

— Felice Castillo, Carlos, *Los actos administrativos de las personas privadas y otros temas de Derecho Administrativo,* Academia Nacional de la Historia, Caracas, 1990.

— García De Enterría, Eduardo y Fernández, Tomás Ramón, *Curso de Derecho Administrativo,* Civitas, Madrid, 1989.

— Garcia-Trevijano Fos, José A. *Los Actos Administrativos,* Civitas, Madrid, 1991.

— Garrido Falla, Femando. *Tratado de Derecho Administrativo,* Tecnos, Madrid, 1989.

— González Pérez, Jesús, *El Procedimiento Administrativo,* Publicaciones Abella, Madrid, 1964.

— Gordillo, Agustín, *Tratado de Derecho Administrativo* Tomo I, Ediciones Macchi, Buenos Aires, 1974.

— Guaita, Aurelio, *"El concepto de acto administrativo",* Revista española de Derecho Administrativo N.º 7, Civitas, oct/dic 1975.

— Hernández Breton, Eugenio, "De los límites exteriores de la jurisdicción contencioso-administrativa", en *Revista de la Fundación de la Procuraduría General de la República, año 3/número 3,* Caracas, 1988.

— Iribarren Monteverde, Henrique, "La responsabilidad administrativa extracontractual", en *Revista de la Facultad de Derecho de la Universidad Católica Andrés Bello, N.º 44, 1992.*

— Moderne, Frank, "Decadencia del punto de vista orgánico en la definición del acto administrativo en derecho fiancés: los actos administrativos de origen privado.", *Revista española de Derecho Administrativo N.º 4*, Civitas, 1975.

— Moles Caubet, Antonio, "El sistema contencioso administrativo venezolano en el derecho comparado", pág. 15, en el libro *Contencioso Administrativo en Venezuela*, Editorial Jurídica venezolana, Caracas, 1989.

— Muci Borjas, José Antonio "Las Bolsas de Valores como prestatarias de un servicio público. Competencia para expedir actos administrativos". en el *Libro Homenaje a la Obra Científica y Docente del Profesor José Muci-Abraham*, Editorial Jurídica Venezolana, Caracas, 1994.

— Penagos, Gustavo, *El Acto Administrativo*, Tomo I, Librería Profesional, Bogotá, 1992.

— Pérez Gómez, Augusto J. "Los actos administrativos de origen privado" inédito hasta el momento del presente trabajo.

— Rondón de Sanso, Hildegard, "Ampliación del ámbito contencioso administrativo", en *Revista de Derecho Público N.º 22* abril-junio 1985,

— Sayaguez Laso, Enrique, *Tratado de Derecho Administrativo*, Tomo I, Montevideo, 1963.

— Varios Autores, *El control jurisdiccional de los Poderes Públicos en Venezuela*, U.C.V., Caracas, 1979.

— Vedel, Georges, *Derecho Administrativo*, edición española, Aguilar, Madrid 1980.

— Villar Palasi, José Luis y Villar Ezcurra José Luis, en *Principios de Derecho Administrativo*, Tomo II, Universidad Complutense, Madrid, 1987.

— Weil, Prosper, *El Derecho Administrativo*, Taurus Ediciones, Madrid, 1966.

Los Actos de Autoridad
de Rafael J. Chavero Gazdik
se imprimió en la República Argentina en marz de 2021